Cono
CONSTITUCIÓN
DEL PERU

ACTUALIZADA AL 5 DE FEBRERO DE 2021

CONGRESO CONSTITUYENTE DEMOCRÁTICO

Paracelso

CONSTITUCIÓN POLÍTICA DEL PERÚ

Poder Legislativo
Constitución Política del Perú. México: Paracelso, 2021.
74 p.; 15.24 × 22.86 cm. (Conoce tus Derechos)

Contacto editorial.paracelso@hotmail.com
ISBN 978 10 9351 3981
EDICIÓN GLOBAL

PREÁMBULO

El Congreso Constituyente Democrático, invocando a Dios Todopoderoso, obedeciendo el mandato del pueblo peruano y recordando el sacrificio de todas las generaciones que nos han precedido en nuestra patria, ha resuelto dar la siguiente Constitución:

Título I. De la Persona y de la Sociedad
Capítulo I. Derechos Fundamentales de la Persona

Artículo 1. La defensa de la persona humana y el respeto de su dignidad son el fin supremo de la sociedad y del Estado.

Artículo 2. Toda persona tiene derecho:

1. A la vida, a su identidad, a su integridad moral, psíquica y física y a su libre desarrollo y bienestar. El concebido es sujeto de derecho en todo cuanto le favorece.

2. A la igualdad ante la ley. Nadie debe ser discriminado por motivo de origen, raza, sexo, idioma, religión, opinión, condición económica o de cualquiera otra índole.

3. A la libertad de conciencia y de religión, en forma individual o asociada. No hay persecución por razón de ideas o creencias. No hay delito de opinión. El ejercicio público de todas las confesiones es libre, siempre que no ofenda la moral ni altere el orden público.

4. A las libertades de información, opinión, expresión y difusión del pensamiento mediante la palabra oral o escrita o la imagen, por cualquier medio de comunicación social, sin previa autorización ni censura ni impedimento algunos, bajo las responsabilidades de ley.

    Los delitos cometidos por medio del libro, la prensa y demás medios de comunicación social se tipifican en el Código Penal y se juzgan en el fuero común.

    Es delito toda acción que suspende o clausura algún órgano de expresión o le impide circular libremente. Los derechos de informar y opinar comprenden los de fundar medios de comunicación.

5. A solicitar sin expresión de causa la información que requiera y a recibirla de cualquier entidad pública, en el plazo legal, con el costo que suponga el pedido. Se exceptúan las informaciones que afectan la intimidad personal y las que expresamente se excluyan por ley o por razones de seguridad nacional.

El secreto bancario y la reserva tributaria pueden levantarse a pedido del juez, del Fiscal de la Nación, o de una comisión investigadora del Congreso con arreglo a ley y siempre que se refieran al caso investigado.

6. A que los servicios informáticos, computarizados o no, públicos o privados, no suministren informaciones que afecten la intimidad personal y familiar.

7. Al honor y a la buena reputación, a la intimidad personal y familiar así como a la voz y a la imagen propias.

   Toda persona afectada por afirmaciones inexactas o agraviada en cualquier medio de comunicación social tiene derecho a que éste se rectifique en forma gratuita, inmediata y proporcional, sin perjuicio de las responsabilidades de ley.

8. A la libertad de creación intelectual, artística, técnica y científica, así como a la propiedad sobre dichas creaciones y a su producto. El Estado propicia el acceso a la cultura y fomenta su desarrollo y difusión.

9. A la inviolabilidad del domicilio. Nadie puede ingresar en él ni efectuar investigaciones o registros sin autorización de la persona que lo habita o sin mandato judicial, salvo flagrante delito o muy grave peligro de su perpetración. Las excepciones por motivos de sanidad o de grave riesgo son reguladas por la ley.

10. Al secreto y a la inviolabilidad de sus comunicaciones y documentos privados.

    Las comunicaciones, telecomunicaciones o sus instrumentos sólo pueden ser abiertos, incautados, interceptados o intervenidos por mandamiento motivado del juez, con las garantías previstas en la ley. Se guarda secreto de los asuntos ajenos al hecho que motiva su examen.

    Los documentos privados obtenidos con violación de este precepto no tienen efecto legal.

    Los libros, comprobantes y documentos contables y administrativos están sujetos a inspección o fiscalización de la autoridad competente, de conformidad con la ley. Las acciones que al respecto se tomen no pueden incluir su sustracción o incautación, salvo por orden judicial.

11. A elegir su lugar de residencia, a transitar por el territorio nacional y a salir de él y entrar en él, salvo limitaciones por razones de sanidad o por mandato judicial o por aplicación de la ley de extranjería.

12. A reunirse pacíficamente sin armas. Las reuniones en locales privados o abiertos al público no requieren aviso previo. Las que se convocan en plazas y vías públicas exigen anuncio anticipado a la autoridad, la que puede prohibirlas solamente por motivos probados de seguridad o de sanidad públicas.

13. A asociarse y a constituir fundaciones y diversas formas de organización jurídica sin fines de lucro, sin autorización previa y con arreglo a ley. No pueden ser disueltas por resolución administrativa.

14. A contratar con fines lícitos, siempre que no se contravengan leyes de orden público.

15. A trabajar libremente, con sujeción a ley.

16. A la propiedad y a la herencia.

17. A participar, en forma individual o asociada, en la vida política, económica, social y cultural de la Nación. Los ciudadanos tienen, conforme a ley, los derechos de elección, de remoción o revocación de autoridades, de iniciativa legislativa y de referéndum.

18. A mantener reserva sobre sus convicciones políticas, filosóficas, religiosas o de cualquiera otra índole, así como a guardar el secreto profesional.

19. A su identidad étnica y cultural. El Estado reconoce y protege la pluralidad étnica y cultural de la Nación.

    Todo peruano tiene derecho a usar su propio idioma ante cualquier autoridad mediante un intérprete. Los extranjeros tienen este mismo derecho cuando son citados por cualquier autoridad.

20. A formular peticiones, individual o colectivamente, por escrito ante la autoridad competente, la que está obligada a dar al interesado una respuesta también por escrito dentro del plazo legal, bajo responsabilidad.

    Los miembros de las Fuerzas Armadas y de la Policía Nacional sólo pueden ejercer individualmente el derecho de petición.

21. A su nacionalidad. Nadie puede ser despojado de ella. Tampoco puede ser privado del derecho de obtener o de renovar su pasaporte dentro o fuera del territorio de la República.

22. A la paz, a la tranquilidad, al disfrute del tiempo libre y al descanso, así como a gozar de un ambiente equilibrado y adecuado al desarrollo de su vida.

23. A la legítima defensa.

24. A la libertad y a la seguridad personales. En consecuencia:

   a. Nadie está obligado a hacer lo que la ley no manda, ni impedido de hacer lo que ella no prohíbe.

   b. No se permite forma alguna de restricción de la libertad personal, salvo en los casos previstos por la ley. Están prohibidas la esclavitud, la servidumbre y la trata de seres humanos en cualquiera de sus formas.

   c. No hay prisión por deudas. Este principio no limita el mandato judicial por incumplimiento de deberes alimentarios.

   d. Nadie será procesado ni condenado por acto u omisión que al tiempo de cometerse no esté previamente calificado en la ley, de manera expresa e inequívoca, como infracción punible; ni sancionado con pena no prevista en la ley.

   e. Toda persona es considerada inocente mientras no se haya declarado judicialmente su responsabilidad.

   f. Nadie puede ser detenido sino por mandamiento escrito y motivado del juez o por las autoridades policiales en caso de flagrante delito. La detención no durará más del tiempo estrictamente necesario para la realización de las investigaciones y, en todo caso, el detenido debe ser puesto a disposición del juzgado correspondiente, dentro del plazo máximo de cuarenta y ocho horas o en el término de la distancia.

   Estos plazos no se aplican a los casos de terrorismo, espionaje, tráfico ilícito de drogas y a los delitos cometidos por organizaciones criminales. En tales casos, las autoridades policiales pueden efectuar la detención preventiva de los presuntos implicados por un término no mayor de quince días naturales. Deben dar cuenta al Ministerio Público y al juez, quien puede asumir jurisdicción antes de vencido dicho término.

   g. Nadie puede ser incomunicado sino en caso indispensable para el esclarecimiento de un delito, y en la forma y por el tiempo previstos por la ley. La autoridad está obligada bajo responsabilidad a señalar, sin dilación y por escrito, el lugar donde se halla la persona detenida.

   h. Nadie debe ser víctima de violencia moral, psíquica o física, ni sometido a tortura o a tratos inhumanos o humillantes. Cualquiera puede pedir de inmediato el examen médico de la persona agraviada o de aquélla imposibilitada de recurrir por sí misma a la autoridad. Carecen de valor las declaraciones obtenidas por la violencia. Quien la emplea incurre en responsabilidad.

Artículo 3. La enumeración de los derechos establecidos en este capítulo no excluye los demás que la Constitución garantiza, ni otros de naturaleza análoga o que se fundan en la dignidad del hombre, o en los principios de soberanía del pueblo, del Estado democrático de derecho y de la forma republicana de gobierno.

Capítulo II. De los Derechos Sociales y Económicos

Artículo 4. La comunidad y el Estado protegen especialmente al niño, al adolescente, a la madre y al anciano en situación de abandono. También protegen a la familia y promueven el matrimonio. Reconocen a estos últimos como institutos naturales y fundamentales de la sociedad.

La forma del matrimonio y las causas de separación y de disolución son reguladas por la ley.

Artículo 5. La unión estable de un varón y una mujer, libres de impedimento matrimonial, que forman un hogar de hecho, da lugar a una comunidad de bienes sujeta al régimen de la sociedad de gananciales en cuanto sea aplicable.

Artículo 6. La política nacional de población tiene como objetivo difundir y promover la paternidad y maternidad responsables. Reconoce el derecho de las familias y de las personas a decidir. En tal sentido, el Estado asegura los programas de educación y la información adecuados y el acceso a los medios, que no afecten la vida o la salud.

Es deber y derecho de los padres alimentar, educar y dar seguridad a sus hijos. Los hijos tienen el deber de respetar y asistir a sus padres.

Todos los hijos tienen iguales derechos y deberes. Está prohibida toda mención sobre el estado civil de los padres y sobre la naturaleza de la filiación en los registros civiles y en cualquier otro documento de identidad.

Artículo 7. Todos tienen derecho a la protección de su salud, la del medio familiar y la de la comunidad así como el deber de contribuir a su promoción y defensa. La persona incapacitada para velar por sí misma a causa de una deficiencia física o mental tiene derecho al respeto de su dignidad y a un régimen legal de protección, atención, readaptación y seguridad. la ley.

Artículo 8. El Estado combate y sanciona el tráfico ilícito de drogas. Asimismo, regula el uso de los tóxicos sociales.

Artículo 9. El Estado determina la política nacional de salud. El Poder Ejecutivo norma y supervisa su aplicación. Es responsable de diseñarla y conducirla en forma plural y descentralizadora para facilitar a todos el acceso equitativo a los servicios de salud.

Artículo 10. El Estado reconoce el derecho universal y progresivo de toda persona a la seguridad social, para su protección frente a las contingencias que precise la ley y para la elevación de su calidad de vida.

Artículo 11. El Estado garantiza el libre acceso a prestaciones de salud y a pensiones, a través de entidades públicas, privadas o mixtas. Supervisa asimismo su eficaz funcionamiento.

La ley establece la entidad del Gobierno Nacional que administra los regímenes de pensiones a cargo del Estado.

Artículo 12. Los fondos y las reservas de la seguridad social son intangibles. Los recursos se aplican en la forma y bajo la responsabilidad que señala la ley.

Artículo 13. La educación tiene como finalidad el desarrollo integral de la persona humana. El Estado reconoce y garantiza la libertad de enseñanza. Los padres de familia tienen el deber de educar a sus hijos y el derecho de escoger los centros de educación y de participar en el proceso educativo.

Artículo 14. La educación promueve el conocimiento, el aprendizaje y la práctica de las humanidades, la ciencia, la técnica, las artes, la educación física y el deporte. Prepara para la vida y el trabajo y fomenta la solidaridad.

Es deber del Estado promover el desarrollo científico y tecnológico del país.

La formación ética y cívica y la enseñanza de la Constitución y de los derechos humanos son obligatorias en todo el proceso educativo civil o militar. La educación religiosa se imparte con respeto a la libertad de las conciencias.

La enseñanza se imparte, en todos sus niveles, con sujeción a los principios constitucionales y a los fines de la correspondiente institución educativa.

Los medios de comunicación social deben colaborar con el Estado en la educación y en la formación moral y cultural.

Artículo 15. El profesorado en la enseñanza oficial es carrera pública. La ley establece los requisitos para desempeñarse como director o profesor de un centro educativo, así como sus derechos y obligaciones. El Estado y la sociedad procuran su evaluación, capacitación, profesionalización y promoción permanentes.

El educando tiene derecho a una formación que respete su identidad, así como al buen trato psicológico y físico.

Toda persona, natural o jurídica, tiene el derecho de promover y conducir instituciones educativas y el de transferir la propiedad de éstas, conforme a ley.

Artículo 16. Tanto el sistema como el régimen educativo son descentralizados.

El Estado coordina la política educativa. Formula los lineamientos generales de los planes de estudios así como los requisitos mínimos de la organización de los centros educativos. Supervisa su cumplimiento y la calidad de la educación.

Es deber del Estado asegurar que nadie se vea impedido de recibir educación adecuada por razón de su situación económica o de limitaciones mentales o físicas.

La educación es un derecho humano fundamental que garantiza el desarrollo de la persona y la sociedad, por lo que el Estado invierte anualmente no menos del 6 % del PBI.

Artículo 17. La educación inicial, primaria y secundaria son obligatorias. En las instituciones del Estado, la educación es gratuita. En las universidades públicas el Estado garantiza el derecho a educarse gratuitamente a los alumnos que mantengan un rendimiento satisfactorio y no cuenten con los recursos económicos necesarios para cubrir los costos de educación.

Con el fin de garantizar la mayor pluralidad de la oferta educativa, y en favor de quienes no puedan sufragar su educación, la ley fija el modo de subvencionar la educación privada en cualquiera de sus modalidades, incluyendo la comunal y la cooperativa.

El Estado promueve la creación de centros de educación donde la población los requiera.

El Estado garantiza la erradicación del analfabetismo. Asimismo fomenta la educación bilingüe e intercultural, según las características de cada zona. Preserva las diversas manifestaciones culturales y lingüísticas del país. Promueve la integración nacional.

Artículo 18. La educación universitaria tiene como fines la formación profesional, la difusión cultural, la creación intelectual y artística y la investigación científica y tecnológica. El Estado garantiza la libertad de cátedra y rechaza la intolerancia.

Las universidades son promovidas por entidades privadas o públicas. La ley fija las condiciones para autorizar su funcionamiento.

La universidad es la comunidad de profesores, alumnos y graduados. Participan en ella los representantes de los promotores, de acuerdo a ley.

Cada universidad es autónoma en su régimen normativo, de gobierno, académico, administrativo y económico. Las universidades se rigen por sus propios estatutos en el marco de la Constitución y de las leyes.

Artículo 19. Las universidades, institutos superiores y demás centros educativos constituidos conforme a la legislación en la materia gozan de inafectación de todo impuesto directo e indirecto que afecte los bienes, actividades y servicios propios de su finalidad educativa y cultural. En materia de aranceles de importación, puede establecerse un régimen especial de afectación para determinados bienes.

Las donaciones y becas con fines educativos gozarán de exoneración y beneficios tributarios en la forma y dentro de los límites que fije la ley.

La ley establece los mecanismos de fiscalización a que se sujetan las mencionadas instituciones, así como los requisitos y condiciones que deben cumplir los centros culturales que por excepción puedan gozar de los mismos beneficios.

Para las instituciones educativas privadas que generen ingresos que por ley sean calificados como utilidades, puede establecerse la aplicación del impuesto a la renta.

Artículo 20. Los colegios profesionales son instituciones autónomas con personalidad de derecho público. La ley señala los casos en que la colegiación es obligatoria.

Artículo 21. Los yacimientos y restos arqueológicos, construcciones, monumentos, lugares, documentos bibliográficos y de archivo, objetos artísticos y testimonios de valor histórico, expresamente declarados bienes culturales, y provisionalmente los que se presumen como tales, son patrimonio cultural de la Nación, independientemente de su condición de propiedad privada o pública. Están protegidos por el Estado.

La ley garantiza la propiedad de dicho patrimonio. Fomenta conforme a ley, la participación privada en la conservación, restauración, exhibición y difusión del mismo, así como su restitución al país cuando hubiere sido ilegalmente trasladado fuera del territorio nacional.

Artículo 22. El trabajo es un deber y un derecho. Es base del bienestar social y un medio de realización de la persona.

Artículo 23. El trabajo, en sus diversas modalidades, es objeto de atención prioritaria del Estado, el cual protege especialmente a la madre, al menor de edad y al impedido que trabajan.

El Estado promueve condiciones para el progreso social y económico, en especial mediante políticas de fomento del empleo productivo y de educación para el trabajo.

Ninguna relación laboral puede limitar el ejercicio de los derechos constitucionales, ni desconocer o rebajar la dignidad del trabajador. Nadie está obligado a prestar trabajo sin retribución o sin su libre consentimiento.

Artículo 24. El trabajador tiene derecho a una remuneración equitativa y suficiente, que procure, para él y su familia, el bienestar material y espiritual.

El pago de la remuneración y de los beneficios sociales del trabajador tiene prioridad sobre cualquiera otra obligación del empleador.

Las remuneraciones mínimas se regulan por el Estado con participación de las organizaciones representativas de los trabajadores y de los empleadores.

Artículo 25. La jornada ordinaria de trabajo es de ocho horas diarias o cuarenta y ocho horas semanales, como máximo. En caso de jornadas acumulativas o atípicas, el promedio de horas trabajadas en el período correspondiente no puede superar dicho máximo.

Los trabajadores tienen derecho a descanso semanal y anual remunerados. Su disfrute y su compensación se regulan por ley o por convenio.

Artículo 26. En la relación laboral se respetan los siguientes principios:

1. Igualdad de oportunidades sin discriminación.

2. Carácter irrenunciable de los derechos reconocidos por la Constitución y la ley.

3. Interpretación favorable al trabajador en caso de duda insalvable sobre el sentido de una norma.

Artículo 27. La ley otorga al trabajador adecuada protección contra el despido arbitrario.

Artículo 28. El Estado reconoce los derechos de sindicación, negociación colectiva y huelga. Cautela su ejercicio democrático:

1. Garantiza la libertad sindical.

2. Fomenta la negociación colectiva y promueve formas de solución pacífica de los conflictos laborales.

    La convención colectiva tiene fuerza vinculante en el ámbito de lo concertado.

3. Regula el derecho de huelga para que se ejerza en armonía con el interés social. Señala sus excepciones y limitaciones.

Artículo 29. El Estado reconoce el derecho de los trabajadores a participar en las utilidades de la empresa y promueve otras formas de participación.

Capítulo III. De los Derechos Políticos y de los Deberes

Artículo 30. Son ciudadanos los peruanos mayores de dieciocho años. Para el ejercicio de la ciudadanía se requiere la inscripción electoral.

Artículo 31. Los ciudadanos tienen derecho a participar en los asuntos públicos mediante referéndum; iniciativa legislativa; remoción o revocación de autoridades y demanda de rendición de cuentas. Tienen también el derecho de ser elegidos y de elegir libremente a sus representantes, de acuerdo con las condiciones y procedimientos determinados por ley orgánica.

Es derecho y deber de los vecinos participar en el gobierno municipal de su jurisdicción. La ley norma y promueve los mecanismos directos e indirectos de su participación.

Tienen derecho al voto los ciudadanos en goce de su capacidad civil. Para el ejercicio de este derecho se requiere estar inscrito en el registro correspondiente.

El voto es personal, igual, libre, secreto y obligatorio hasta los setenta años. Es facultativo después de esa edad.

La ley establece los mecanismos para garantizar la neutralidad estatal durante los procesos electorales y de participación ciudadana.

Es nulo y punible todo acto que prohíba o limite al ciudadano el ejercicio de sus derechos.

Artículo 32. Pueden ser sometidas a referéndum:

1. La reforma total o parcial de la Constitución;

2. La aprobación de normas con rango de ley;

3. Las ordenanzas municipales; y

4. Las materias relativas al proceso de descentralización.

No pueden someterse a referéndum la supresión o la disminución de los derechos fundamentales de la persona, ni las normas de carácter tributario y presupuestal, ni los tratados internacionales en vigor.

Artículo 33. El ejercicio de la ciudadanía se suspende:

1. Por resolución judicial de interdicción.

2. Por sentencia con pena privativa de la libertad.

3. Por sentencia con inhabilitación de los derechos políticos.

Artículo 34. Los miembros de las Fuerzas Armadas y de la Policía Nacional tienen derecho al voto y a la participación ciudadana, regulados por ley. No pueden postular a cargos de elección popular, participar en actividades partidarias o manifestaciones ni realizar actos de proselitismo, mientras no hayan pasado a la situación de retiro, de acuerdo a ley.

Artículo 34-A. Están impedidas de postular a cargos de elección popular, las personas sobre quienes recaiga una sentencia condenatoria emitida en primera instancia, en calidad de autoras o cómplices, por la comisión de delito doloso.

Artículo 35. Los ciudadanos pueden ejercer sus derechos individualmente o a través de organizaciones políticas como partidos, movimientos o alianzas, conforme a ley. Tales organizaciones concurren a la formación y manifestación de la voluntad popular. Su inscripción en el registro correspondiente les concede personalidad jurídica.

Mediante ley se establecen disposiciones orientadas a asegurar el funcionamiento democrático de las organizaciones políticas y la transparencia sobre el origen de sus recursos económicos, así como su verificación, fiscalización, control y sanción.

El financiamiento de las organizaciones políticas puede ser público y privado. Se rige por ley conforme a criterios de transparencia y rendición de cuentas. El financiamiento público promueve la participación y fortalecimiento de las organizaciones políticas bajo criterios de igualdad y proporcionalidad. El financiamiento privado se realiza a través del sistema financiero con las excepciones, topes y restricciones correspondientes. El financiamiento ilegal genera la sanción administrativa, civil y penal respectiva.

Solo se autoriza la difusión de propaganda electoral en medios de comunicación radiales y televisivos mediante financiamiento público indirecto.

Artículo 36. El Estado reconoce el asilo político. Acepta la calificación del asilado que otorga el gobierno asilante. En caso de expulsión, no se entrega al asilado al país cuyo gobierno lo persigue.

Artículo 37. La extradición sólo se concede por el Poder Ejecutivo previo informe de la Corte Suprema, en cumplimiento de la ley y de los tratados, y según el principio de reciprocidad.

No se concede extradición si se considera que ha sido solicitada con el fin de perseguir o castigar por motivo de religión, nacionalidad, opinión o raza.

Quedan excluidos de la extradición los perseguidos por delitos políticos o por hechos conexos con ellos. No se consideran tales el genocidio ni el magnicidio ni el terrorismo.

Artículo 38. Todos los peruanos tienen el deber de honrar al Perú y de proteger los intereses nacionales, así como de respetar, cumplir y defender la Constitución y el ordenamiento jurídico de la Nación.

Capítulo IV. De la Función Pública

Artículo 39. Todos los funcionarios y trabajadores públicos están al servicio de la Nación. El Presidente de la República tiene la más alta jerarquía en el servicio a la Nación y, en ese orden, los representantes al Congreso, ministros de Estado, miembros del Tribunal Constitucional y del Consejo de la Magistratura, los magistrados supremos, el Fiscal de la Nación y el Defensor del Pueblo, en igual categoría; y los representantes de organismos descentralizados y alcaldes, de acuerdo a ley.

Artículo 39-A. Están impedidas de ejercer la función pública, mediante designación en cargos de confianza, las personas sobre quienes recaiga una sentencia condenatoria emitida en primera instancia, en calidad de autoras o cómplices, por la comisión de delito doloso.

Artículo 40. La ley regula el ingreso a la carrera administrativa, y los derechos, deberes y responsabilidades de los servidores públicos. No están comprendidos en dicha carrera los funcionarios que desempeñan cargos políticos o de confianza. Ningún funcionario o servidor público puede desempeñar más de un empleo o cargo público remunerado, con excepción de uno más por función docente.

No están comprendidos en la función pública los trabajadores de las empresas del Estado o de sociedades de economía mixta.

Es obligatoria la publicación periódica en el diario oficial de los ingresos que, por todo concepto, perciben los altos funcionarios, y otros servidores públicos que señala la ley, en razón de sus cargos.

Artículo 41. Los funcionarios y servidores públicos que señala la ley o que administran o manejan fondos del Estado o de organismos sostenidos por éste deben hacer declaración jurada de bienes y rentas al tomar posesión de sus cargos, durante su ejercicio y al cesar en los mismos. La respectiva publicación se realiza en el diario oficial en la forma y condiciones que señala la ley.

Cuando se presume enriquecimiento ilícito, el Fiscal de la Nación, por denuncia de terceros o de oficio, formula cargos ante el Poder Judicial.

La ley establece la responsabilidad de los funcionarios y servidores públicos, así como el plazo de su inhabilitación para la función pública.

El plazo de prescripción de la acción penal se duplica en caso de los delitos cometidos contra la Administración Pública o el patrimonio del Estado, tanto para los funcionarios o servidores públicos como para los particulares. La acción penal es imprescriptible en los supuestos más graves, conforme al principio de legalidad.

Artículo 42. Se reconocen los derechos de sindicación y huelga de los servidores públicos. No están comprendidos los funcionarios del Estado con poder de decisión y los que desempeñan cargos de confianza o de dirección, así como los miembros de las Fuerzas Armadas y de la Policía Nacional.

Título II. Del Estado y la Nación

Capítulo I. Del Estado, la Nación y el Territorio

Artículo 43. La República del Perú es democrática, social, independiente y soberana.

El Estado es uno e indivisible.

Su gobierno es unitario, representativo y descentralizado, y se organiza según el principio de la separación de poderes.

Artículo 44. Son deberes primordiales del Estado: defender la soberanía nacional; garantizar la plena vigencia de los derechos humanos; proteger a la población de las amenazas contra su seguridad; y promover el bienestar general que se fundamenta en la justicia y en el desarrollo integral y equilibrado de la Nación.

Asimismo, es deber del Estado establecer y ejecutar la política de fronteras y promover la integración, particularmente latinoamericana, así como el desarrollo y la cohesión de las zonas fronterizas, en concordancia con la política exterior.

Artículo 45. El poder del Estado emana del pueblo. Quienes lo ejercen lo hacen con las limitaciones y responsabilidades que la Constitución y las leyes establecen.

Ninguna persona, organización, Fuerza Armada, Policía Nacional o sector de la población puede arrogarse el ejercicio de ese poder. Hacerlo constituye rebelión o sedición.

Artículo 46. Nadie debe obediencia a un gobierno usurpador, ni a quienes asumen funciones públicas en violación de la Constitución y de las leyes.

La población civil tiene el derecho de insurgencia en defensa del orden constitucional.

Son nulos los actos de quienes usurpan funciones públicas.

Artículo 47. La defensa de los intereses del Estado está a cargo de los Procuradores Públicos conforme a ley. El Estado está exonerado del pago de gastos judiciales.

Artículo 48. Son idiomas oficiales el castellano y, en las zonas donde predominen, también lo son el quechua, el aimara y las demás lenguas aborígenes, según la ley.

Artículo 49. La capital de la República del Perú es la ciudad de Lima. Su capital histórica es la ciudad del Cusco.

Son símbolos de la patria la bandera de tres franjas verticales con los colores rojo, blanco y rojo, y el escudo y el himno nacional establecidos por ley.

Artículo 50. Dentro de un régimen de independencia y autonomía, el Estado reconoce a la Iglesia Católica como elemento importante en la formación histórica, cultural y moral del Perú, y le presta su colaboración.

El Estado respeta otras confesiones y puede establecer formas de colaboración con ellas.

Artículo 51. La Constitución prevalece sobre toda norma legal; la ley, sobre las normas de inferior jerarquía, y así sucesivamente. La publicidad es esencial para la vigencia de toda norma del Estado.

Artículo 52. Son peruanos por nacimiento los nacidos en el territorio de la República. También lo son los nacidos en el exterior de padre o madre peruanos, inscritos en el registro correspondiente, conforme a ley.

Son asimismo peruanos los que adquieren la nacionalidad por naturalización o por opción, siempre que tengan residencia en el Perú.

Artículo 53. La ley regula las formas en que se adquiere o recupera la nacionalidad.

La nacionalidad peruana no se pierde, salvo por renuncia expresa ante autoridad peruana.

Artículo 54. El territorio del Estado es inalienable e inviolable. Comprende el suelo, el subsuelo, el dominio marítimo, y el espacio aéreo que los cubre.

El dominio marítimo del Estado comprende el mar adyacente a sus costas, así como su lecho y subsuelo, hasta la distancia de doscientas millas marinas medidas desde las líneas de base que establece la ley.

En su dominio marítimo, el Estado ejerce soberanía y jurisdicción, sin perjuicio de las libertades de comunicación internacional, de acuerdo con la ley y con los tratados ratificados por el Estado.

El Estado ejerce soberanía y jurisdicción sobre el espacio aéreo que cubre su territorio y el mar adyacente hasta el límite de las doscientas millas, sin perjuicio de las libertades de comunicación internacional, de conformidad con la ley y con los tratados ratificados por el Estado.

Capítulo II. De los Tratados

Artículo 55. Los tratados celebrados por el Estado y en vigor forman parte del derecho nacional.

Artículo 56. Los tratados deben ser aprobados por el Congreso antes de su ratificación por el Presidente de la República, siempre que versen sobre las siguientes materias:

1. Derechos humanos.

2. Soberanía, dominio o integridad del Estado.

3. Defensa nacional.

4. Obligaciones financieras del Estado.

También deben ser aprobados por el Congreso los tratados que crean, modifican o suprimen tributos; los que exigen modificación o derogación de alguna ley y los que requieren medidas legislativas para su ejecución.

Artículo 57. El Presidente de la República puede celebrar o ratificar tratados o adherir a éstos sin el requisito de la aprobación previa del Congreso en materias no contempladas en el artículo precedente. En todos esos casos, debe dar cuenta al Congreso.

Cuando el tratado afecte disposiciones constitucionales debe ser aprobado por el mismo procedimiento que rige la reforma de la Constitución, antes de ser ratificado por el Presidente de la República.

La denuncia de los tratados es potestad del Presidente de la República, con cargo de dar cuenta al Congreso. En el caso de los tratados sujetos a aprobación del Congreso, la denuncia requiere aprobación previa de éste.

Título III. Del Régimen Económico
Capítulo I. Principios Generales

Artículo 58. La iniciativa privada es libre. Se ejerce en una economía social de mercado. Bajo este régimen, el Estado orienta el desarrollo del país, y actúa principalmente en las áreas de promoción de empleo, salud, educación, seguridad, servicios públicos e infraestructura.

Artículo 59. El Estado estimula la creación de riqueza y garantiza la libertad de trabajo y la libertad de empresa, comercio e industria. El ejercicio de estas libertades no debe ser lesivo a la moral, ni a la salud, ni a la seguridad públicas. El Estado brinda oportunidades de superación a los sectores que sufren cualquier desigualdad; en tal sentido, promueve las pequeñas empresas en todas sus modalidades.

Artículo 60. El Estado reconoce el pluralismo económico. La economía nacional se sustenta en la coexistencia de diversas formas de propiedad y de empresa.

Sólo autorizado por ley expresa, el Estado puede realizar subsidiariamente actividad empresarial, directa o indirecta, por razón de alto interés público o de manifiesta conveniencia nacional.

La actividad empresarial, pública o no pública, recibe el mismo tratamiento legal.

Artículo 61. El Estado facilita y vigila la libre competencia. Combate toda práctica que la limite y el abuso de posiciones dominantes o monopólicas. Ninguna ley ni concertación puede autorizar ni establecer monopolios.

La prensa, la radio, la televisión y los demás medios de expresión y comunicación social; y, en general, las empresas, los bienes y servicios relacionados con la libertad de expresión y de comunicación, no pueden ser objeto de exclusividad, monopolio ni acaparamiento, directa ni indirectamente, por parte del Estado ni de particulares.

Artículo 62. La libertad de contratar garantiza que las partes pueden pactar válidamente según las normas vigentes al tiempo del contrato. Los términos contractuales no pueden ser modificados por leyes u otras disposiciones de cualquier clase. Los conflictos derivados de la relación contractual sólo se solucionan en la vía arbitral o en la judicial, según los mecanismos de protección previstos en el contrato o contemplados en la ley.

Mediante contratos-ley, el Estado puede establecer garantías y otorgar seguridades. No pueden ser modificados legislativamente, sin perjuicio de la protección a que se refiere el párrafo precedente.

Artículo 63. La inversión nacional y la extranjera se sujetan a las mismas condiciones. La producción de bienes y servicios y el comercio exterior son libres. Si otro país o países adoptan medidas proteccionistas o discriminatorias que perjudiquen el interés nacional, el Estado puede, en defensa de éste, adoptar medidas análogas.

En todo contrato del Estado y de las personas de derecho público con extranjeros domiciliados consta el sometimiento de éstos a las leyes y órganos jurisdiccionales de la República y su renuncia a toda reclamación diplomática. Pueden ser exceptuados de la jurisdicción nacional los contratos de carácter financiero.

El Estado y las demás personas de derecho público pueden someter las controversias derivadas de relación contractual a tribunales constituidos en virtud de tratados en vigor. Pueden también someterlas a arbitraje nacional o internacional, en la forma en que lo disponga la ley.

Artículo 64. El Estado garantiza la libre tenencia y disposición de moneda extranjera.

Artículo 65. El Estado defiende el interés de los consumidores y usuarios. Para tal efecto garantiza el derecho a la información sobre los bienes y servicios que se encuentran a su disposición en el mercado. Asimismo vela, en particular, por la salud y la seguridad de la población.

Capítulo II. Del Ambiente y los Recursos Naturales

Artículo 66. Los recursos naturales, renovables y no renovables, son patrimonio de la Nación. El Estado es soberano en su aprovechamiento.

Por ley orgánica se fijan las condiciones de su utilización y de su otorgamiento a particulares. La concesión otorga a su titular un derecho real, sujeto a dicha norma legal.

Artículo 67. El Estado determina la política nacional del ambiente. Promueve el uso sostenible de sus recursos naturales.

Artículo 68. El Estado está obligado a promover la conservación de la diversidad biológica y de las áreas naturales protegidas.

Artículo 69. El Estado promueve el desarrollo sostenible de la Amazonia con una legislación adecuada.

Capítulo III. De la Propiedad

Artículo 70. El derecho de propiedad es inviolable. El Estado lo garantiza. Se ejerce en armonía con el bien común y dentro de los límites de ley. A nadie puede privarse de su propiedad sino, exclusivamente, por causa de seguridad nacional o necesidad pública, declarada por ley, y previo pago en efectivo de indemnización justipreciada que incluya compensación por el eventual perjuicio. Hay acción ante el Poder Judicial para contestar el valor de la propiedad que el Estado haya señalado en el procedimiento expropiatorio.

Artículo 71. En cuanto a la propiedad, los extranjeros, sean personas naturales o jurídicas, están en la misma condición que los peruanos, sin que, en caso alguno, puedan invocar excepción ni protección diplomática.

Sin embargo, dentro de cincuenta kilómetros de las fronteras, los extranjeros no pueden adquirir ni poseer, por título alguno, minas, tierras, bosques, aguas, combustibles ni fuentes de energía, directa ni indirectamente, individualmente ni en sociedad, bajo pena de perder, en beneficio del Estado, el derecho así adquirido. Se exceptúa el caso de necesidad pública expresamente declarada por decreto supremo aprobado por el Consejo de Ministros conforme a ley.

Artículo 72. La ley puede, sólo por razón de seguridad nacional, establecer temporalmente restricciones y prohibiciones específicas para la adquisición, posesión, explotación y transferencia de determinados bienes.

Artículo 73. Los bienes de dominio público son inalienables e imprescriptibles. Los bienes de uso público pueden ser concedidos a particulares conforme a ley, para su aprovechamiento económico.

Capítulo IV. Del Régimen Tributario y Presupuestal

Artículo 74. Los tributos se crean, modifican o derogan, o se establece una exoneración, exclusivamente por ley o decreto legislativo en caso de delegación de facultades, salvo los aranceles y tasas, los cuales se regulan mediante decreto supremo.

Los Gobiernos Regionales y los Gobiernos Locales pueden crear, modificar y suprimir contribuciones y tasas, o exonerar de éstas, dentro de su jurisdicción, y con los límites que señala la ley. El Estado, al ejercer la potestad tributaria, debe respetar los principios de reserva de la ley, y los de igualdad y respeto de los derechos fundamentales de la persona. Ningún tributo puede tener carácter confiscatorio.

Las leyes de presupuesto y los decretos de urgencia no pueden contener normas sobre materia tributaria. Las leyes relativas a tributos de periodicidad anual rigen a partir del primero de enero del año siguiente a su promulgación.

No surten efecto las normas tributarias dictadas en violación de lo que establece el presente artículo.

Artículo 75. El Estado sólo garantiza el pago de la deuda pública contraída por gobiernos constitucionales de acuerdo con la Constitución y la ley.

Las operaciones de endeudamiento interno y externo del Estado se aprueban conforme a ley.

Los municipios pueden celebrar operaciones de crédito con cargo a sus recursos y bienes propios, sin requerir autorización legal.

Artículo 76. Las obras y la adquisición de suministros con utilización de fondos o recursos públicos se ejecutan obligatoriamente por contrata y licitación pública, así como también la adquisición o la enajenación de bienes.

La contratación de servicios y proyectos cuya importancia y cuyo monto señala la Ley de Presupuesto se hace por concurso público. La ley establece el procedimiento, las excepciones y las respectivas responsabilidades.

Artículo 77. La administración económica y financiera del Estado se rige por el presupuesto que anualmente aprueba el Congreso. La estructura del presupuesto del sector público contiene dos secciones: gobierno central e instancias descentralizadas.

El presupuesto asigna equitativamente los recursos públicos, su programación y ejecución responden a los criterios de eficiencia de necesidades sociales básicas y de descentralización. Corresponden a las respectivas circunscripciones, conforme a ley, recibir una participación adecuada del total de los ingresos y rentas obtenidos por el Estado en la explotación de los recursos naturales en cada zona en calidad de canon.

Artículo 78. El Presidente de la República envía al Congreso el proyecto de Ley de Presupuesto dentro de un plazo que vence el 30 de agosto de cada año.

En la misma fecha, envía también los proyectos de ley de endeudamiento y de equilibrio financiero.

El proyecto presupuestal debe estar efectivamente equilibrado.

Los préstamos procedentes del Banco Central de Reserva o del Banco de la Nación no se contabilizan como ingreso fiscal.

No pueden cubrirse con empréstitos los gastos de carácter permanente.

No puede aprobarse el presupuesto sin partida destinada al servicio de la deuda pública.

Artículo 79. Los representantes ante el Congreso no tienen iniciativa para crear ni aumentar gastos públicos, salvo en lo que se refiere a su presupuesto.

El Congreso no puede aprobar tributos con fines predeterminados, salvo por solicitud del Poder Ejecutivo.

En cualquier otro caso, las leyes de índole tributaria referidas a beneficios o exoneraciones requieren previo informe del Ministerio de Economía y Finanzas.

Sólo por ley expresa, aprobada por dos tercios de los congresistas, puede establecerse selectiva y temporalmente un tratamiento tributario especial para una determinada zona del país.

Artículo 80. El Ministro de Economía y Finanzas sustenta, ante el Pleno del Congreso de la República, el pliego de ingresos. Cada ministro sustenta los pliegos de egresos de su sector; previamente sustentan los resultados y metas de la ejecución del presupuesto del año anterior y los avances en la ejecución del presupuesto del año fiscal correspondiente. El Presidente de la Corte Suprema, el Fiscal de la Nación y el Presidente del Jurado Nacional de Elecciones sustentan los pliegos correspondientes a cada institución.

Si la autógrafa de la Ley de Presupuesto no es remitida al Poder Ejecutivo hasta el treinta de noviembre, entra en vigencia el proyecto de este, que es promulgado por decreto legislativo.

Los créditos suplementarios, habilitaciones y transferencias de partidas se tramitan ante el Congreso de la República tal como la Ley de Presupuesto. Durante el receso parlamentario, se tramitan ante la Comisión Permanente. Para aprobarlos, se requiere los votos de los tres quintos del número legal de sus miembros.

Artículo 81. La Cuenta General de la República, acompañada del informe de auditoría de la Contraloría General de la República, es remitida por el Presidente de la República al Congreso de la República en un plazo que vence el quince de agosto del año siguiente a la ejecución del presupuesto.

La Cuenta General de la República es examinada y dictaminada por una comisión revisora hasta el quince de octubre. El Congreso de la República se pronuncia en un plazo que vence el treinta de octubre. Si no hay pronunciamiento del Congreso de la República en el plazo señalado, se eleva el dictamen de la comisión revisora al Poder Ejecutivo para que este promulgue un decreto legislativo que contiene la Cuenta General de la República.

Artículo 82. La Contraloría General de la República es una entidad descentralizada de Derecho Público que goza de autonomía conforme a su ley orgánica. Es el órgano superior del Sistema Nacional de Control. Supervisa la legalidad de la ejecución del Presupuesto del Estado, de las operaciones de la deuda pública y de los actos de las instituciones sujetas a control.

El Contralor General es designado por el Congreso, a propuesta del Poder Ejecutivo, por siete años. Puede ser removido por el Congreso por falta grave.

Capítulo V. De la Moneda y la Banca

Artículo 83. La ley determina el sistema monetario de la República. La emisión de billetes y monedas es facultad exclusiva del Estado. La ejerce por intermedio del Banco Central de Reserva del Perú.

Artículo 84. El Banco Central es persona jurídica de derecho público. Tiene autonomía dentro del marco de su Ley Orgánica.

La finalidad del Banco Central es preservar la estabilidad monetaria. Sus funciones son: regular la moneda y el crédito del sistema financiero, administrar las reservas internacionales a su cargo, y las demás funciones que señala su ley orgánica.

El Banco informa al país, exacta y periódicamente, sobre el estado de las finanzas nacionales, bajo responsabilidad de su Directorio.

El Banco está prohibido de conceder financiamiento al erario, salvo la compra, en el mercado secundario, de valores emitidos por el Tesoro Público, dentro del límite que señala su Ley Orgánica.

Artículo 85. El Banco puede efectuar operaciones y celebrar convenios de crédito para cubrir desequilibrios transitorios en la posición de las reservas internacionales.

Requiere autorización por ley cuando el monto de tales operaciones o convenios supera el límite señalado por el Presupuesto del Sector Público, con cargo de dar cuenta al Congreso.

Artículo 86. El Banco es gobernado por un Directorio de siete miembros. El Poder Ejecutivo designa a cuatro, entre ellos al Presidente. El Congreso ratifica a éste y elige a los tres restantes, con la mayoría absoluta del número legal de sus miembros.

Todos los directores del Banco son nombrados por el período constitucional que corresponde al Presidente de la República. No representan a entidad ni interés particular algunos. El Congreso puede removerlos por falta grave. En caso de remoción, los nuevos directores completan el correspondiente período constitucional.

Artículo 87. El Estado fomenta y garantiza el ahorro. La ley establece las obligaciones y los límites de las empresas que reciben ahorros del público, así como el modo y los alcances de dicha garantía.

La Superintendencia de Banca, Seguros y Administradoras Privadas de Fondos de Pensiones ejerce el control de las empresas bancarias, de seguros, de administración de fondos de pensiones, de las demás que reciben depósitos del público y de aquellas otras que, por realizar operaciones conexas o similares, determine la ley.

La ley establece la organización y la autonomía funcional de la Superintendencia de Banca, Seguros y Administradoras Privadas de Fondos de Pensiones.

El Poder Ejecutivo designa al Superintendente de Banca, Seguros y Administradoras Privadas de Fondos de Pensiones por el plazo correspondiente a su período constitucional. El Congreso lo ratifica.

Capítulo VI. Del Régimen Agrario y de las Comunidades Campesinas y Nativas

Artículo 88. El Estado apoya preferentemente el desarrollo agrario. Garantiza el derecho de propiedad sobre la tierra, en forma privada o comunal o en cualquiera otra forma asociativa. La ley puede fijar los límites y la extensión de la tierra según las peculiaridades de cada zona.

Las tierras abandonadas, según previsión legal, pasan al dominio del Estado para su adjudicación en venta.

Artículo 89. Las Comunidades Campesinas y las Nativas tienen existencia legal y son personas jurídicas.

Son autónomas en su organización, en el trabajo comunal y en el uso y la libre disposición de sus tierras, así como en lo económico y administrativo, dentro del marco que la ley establece. La propiedad de sus tierras es imprescriptible, salvo en el caso de abandono previsto en el artículo anterior.

El Estado respeta la identidad cultural de las Comunidades Campesinas y Nativas.

Título IV. De la Estructura del Estado
Capítulo I. Poder Legislativo

Artículo 90. El Poder Legislativo reside en el Congreso de la República, el cual consta de cámara única.

El número de congresistas es de ciento treinta. El Congreso de la República se elige por un período de cinco años mediante un proceso electoral organizado conforme a ley. Los candidatos a la Presidencia de la República no pueden integrar la lista de candidatos a congresistas. Los candidatos a vicepresidentes pueden ser simultáneamente candidatos a una representación en el Congreso.

Para ser elegido congresista, se requiere ser peruano de nacimiento, haber cumplido veinticinco años y gozar de derecho de sufragio.

Artículo 90-A. Los parlamentarios no pueden ser reelegidos para un nuevo período, de manera inmediata, en el mismo cargo.

Artículo 91. No pueden ser elegidos miembros del Parlamento Nacional si no han renunciado al cargo seis (6) meses antes de la elección:

1. Los ministros y viceministros de Estado, el Contralor General.

2. Los miembros del Tribunal Constitucional, del Consejo Nacional de la Magistratura, del Poder Judicial, del Ministerio Público, del Jurado Nacional de Elecciones, ni el Defensor del Pueblo.

3. El Presidente del Banco Central de Reserva, el Superintendente de Banca, Seguros y Administradoras Privadas de Fondos de Pensiones y el Superintendente Nacional de Administración Tributaria.

4. Los miembros de las Fuerzas Armadas y de la Policía Nacional en actividad, y

5. Los demás casos que la Constitución prevé.

Artículo 92. La función de congresista es de tiempo completo; le está prohibido desempeñar cualquier cargo o ejercer cualquier profesión u oficio, durante las horas de funcionamiento del Congreso.

El mandato del congresista es incompatible con el ejercicio de cualquiera otra función pública, excepto la de Ministro de Estado, y el desempeño, previa autorización del Congreso, de comisiones extraordinarias de carácter internacional.

La función de congresista es, asimismo, incompatible con la condición de gerente, apoderado, representante, mandatario, abogado, accionista mayoritario o miembro del Directorio de empresas que tienen con el Estado contratos de obras, de suministro o de aprovisionamiento, o que administran rentas públicas o prestan servicios públicos.

La función de congresista es incompatible con cargos similares en empresas que, durante el mandato del congresista, obtengan concesiones del Estado, así como en empresas del sistema crediticio financiero supervisadas por la Superintendencia de Banca, Seguros y Administradoras Privadas de Fondos de Pensiones.

Artículo 93. Los congresistas representan a la Nación. No están sujetos a mandato imperativo ni a interpelación.

No son responsables ante autoridad ni órgano jurisdiccional alguno por las opiniones y votos que emiten en el ejercicio de sus funciones. Los magistrados del Tribunal Constitucional y el Defensor del Pueblo gozan de las mismas prerrogativas que los congresistas.

El procesamiento por la comisión de delitos comunes imputados a congresistas de la República durante el ejercicio de su mandato es de competencia de la Corte Suprema de Justicia.

En caso de comisión de delitos antes de asumir el mandato, es competente el juez penal ordinario

Artículo 94. El Congreso elabora y aprueba su Reglamento, que tiene fuerza de ley; elige a sus representantes en la Comisión Permanente y en las demás comisiones; establece la organización y las atribuciones de los grupos parlamentarios; gobierna su economía; sanciona su presupuesto; nombra y remueve a sus funcionarios y empleados, y les otorga los beneficios que les corresponden de acuerdo a ley.

Artículo 95. El mandato legislativo es irrenunciable.

Las sanciones disciplinarias que impone el Congreso a los representantes y que implican suspensión de funciones no pueden exceder de ciento veinte días de legislatura.

Artículo 96. Cualquier representante a Congreso puede pedir a los Ministros de Estado, al Jurado Nacional de Elecciones, al Contralor General, al Banco Central de Reserva, a la Superintendencia de Banca, Seguros y Administradoras

Privadas de Fondos de Pensiones, a los Gobiernos Regionales y Locales y a las instituciones que señala la ley, los informes que estime necesarios.

El pedido se hace por escrito y de acuerdo con el Reglamento del Congreso. La falta de respuesta da lugar a las responsabilidades de ley.

Artículo 97. El Congreso puede iniciar investigaciones sobre cualquier asunto de interés público. Es obligatorio comparecer, por requerimiento, ante las comisiones encargadas de tales investigaciones, bajo los mismos apremios que se observan en el procedimiento judicial.

Para el cumplimiento de sus fines, dichas comisiones pueden acceder a cualquier información, la cual puede implicar el levantamiento del secreto bancario y el de la reserva tributaria; excepto la información que afecte la intimidad personal. Sus conclusiones no obligan a los órganos jurisdiccionales.

Artículo 98. El Presidente de la República está obligado a poner a disposición del Congreso los efectivos de las Fuerzas Armadas y de la Policía Nacional que demande el Presidente del Congreso.

Las Fuerzas Armadas y la Policía Nacional no pueden ingresar en el recinto del Congreso sino con autorización de su propio Presidente.

Artículo 99. Corresponde a la Comisión Permanente acusar ante el Congreso: al Presidente de la República; a los representantes a Congreso; a los Ministros de Estado; a los miembros del Tribunal Constitucional; a los miembros del Consejo Nacional de la Magistratura; a los vocales de la Corte Suprema; a los fiscales supremos; al Defensor del Pueblo y al Contralor General por infracción de la Constitución y por todo delito que cometan en el ejercicio de sus funciones y hasta cinco años después de que hayan cesado en éstas.

Artículo 100. Corresponde al Congreso, sin participación de la Comisión Permanente, suspender o no al funcionario acusado o inhabilitarlo para el ejercicio de la función pública hasta por diez años, o destituirlo de su función sin perjuicio de cualquiera otra responsabilidad.

El acusado tiene derecho, en este trámite, a la defensa por sí mismo y con asistencia de abogado ante la Comisión Permanente y ante el Pleno del Congreso.

En caso de resolución acusatoria de contenido penal, el Fiscal de la Nación formula denuncia ante la Corte Suprema en el plazo de cinco días. El Vocal Supremo Penal abre la instrucción correspondiente.

La sentencia absolutoria de la Corte Suprema devuelve al acusado sus derechos políticos.

Los términos de la denuncia fiscal y del auto apertorio de instrucción no pueden exceder ni reducir los términos de la acusación del Congreso.

Artículo 101. Los miembros de la Comisión Permanente del Congreso son elegidos por éste. Su número tiende a ser proporcional al de los representantes de cada grupo parlamentario y no excede del veinticinco por ciento del número total de congresistas.

Son atribuciones de la Comisión Permanente:

1. Designar al Contralor General, a propuesta del Presidente de la República.
2. Ratificar la designación del Presidente del Banco Central de Reserva y del Superintendente de Banca, Seguros y Administradoras Privadas de Fondos de Pensiones.
3. Aprobar los créditos suplementarios y las transferencias y habilitaciones del Presupuesto, durante el receso parlamentario.
4. Ejercitar la delegación de facultades legislativas que el Congreso le otorgue No pueden delegarse a la Comisión Permanente materias relativas a reforma constitucional, ni a la aprobación de tratados internacionales, leyes orgánicas, Ley de Presupuesto y Ley de la Cuenta General de la República.
5. Las demás que le asigna la Constitución y las que le señala el Reglamento del Congreso.

Artículo 102. Son atribuciones del Congreso:

1. Dar leyes y resoluciones legislativas, así como interpretar, modificar o derogar las existentes.
2. Velar por el respeto de la Constitución y de las leyes, y disponer lo conveniente para hacer efectiva la responsabilidad de los infractores.
3. Aprobar los tratados, de conformidad con la Constitución.
4. Aprobar el Presupuesto y la Cuenta General.
5. Autorizar empréstitos, conforme a la Constitución.
6. Ejercer el derecho de amnistía.
7. Aprobar la demarcación territorial que proponga el Poder Ejecutivo.
8. Prestar consentimiento para el ingreso de tropas extranjeras en el territorio de la República, siempre que no afecte, en forma alguna, la soberanía nacional.
9. Autorizar al Presidente de la República para salir del país.

10. Ejercer las demás atribuciones que le señala la Constitución y las que son propias de la función legislativa.

Capítulo II. De la Función Legislativa

Artículo 103. Pueden expedirse leyes especiales porque así lo exige la naturaleza de las cosas, pero no por razón de las diferencias de las personas. La ley, desde su entrada en vigencia, se aplica a las consecuencias de las relaciones y situaciones jurídicas existentes y no tiene fuerza ni efectos retroactivos; salvo, en ambos supuestos, en materia penal cuando favorece al reo. La ley se deroga sólo por otra ley. También queda sin efecto por sentencia que declara su inconstitucionalidad.

La Constitución no ampara el abuso del derecho.

Artículo 104. El Congreso puede delegar en el Poder Ejecutivo la facultad de legislar, mediante decretos legislativos, sobre la materia específica y por el plazo determinado establecidos en la ley autoritativa.

No pueden delegarse las materias que son indelegables a la Comisión Permanente.

Los decretos legislativos están sometidos, en cuanto a su promulgación, publicación, vigencia y efectos, a las mismas normas que rigen para la ley.

El Presidente de la República da cuenta al Congreso o a la Comisión Permanente de cada decreto legislativo.

Artículo 105. Ningún proyecto de ley puede sancionarse sin haber sido previamente aprobado por la respectiva Comisión dictaminadora, salvo excepción señalada en el Reglamento del Congreso. Tienen preferencia del Congreso los proyectos enviados por el Poder Ejecutivo con carácter de urgencia.

Artículo 106. Mediante leyes orgánicas se regulan la estructura y el funcionamiento de las entidades del Estado previstas en la Constitución, así como también las otras materias cuya regulación por ley orgánica está establecida en la Constitución.

Los proyectos de ley orgánica se tramitan como cualquiera otra ley. Para su aprobación o modificación, se requiere el voto de más de la mitad del número legal de miembros del Congreso.

Capítulo III. De la Formación y Promulgación de las Leyes

Artículo 107. El Presidente de la República y los Congresistas tienen derecho a iniciativa en la formación de leyes.

También tienen el mismo derecho en las materias que les son propias los otros poderes del Estado, las instituciones públicas autónomas, los Gobiernos Regionales, los Gobiernos Locales y los colegios profesionales. Asimismo lo tienen los ciudadanos que ejercen el derecho de iniciativa conforme a ley.

Artículo 108. La ley aprobada según lo previsto por la Constitución, se envía al Presidente de la República para su promulgación dentro de un plazo de quince días. En caso de no promulgación por el Presidente de la República, la promulga el Presidente del Congreso, o el de la Comisión Permanente, según corresponda.

Si el Presidente de la República tiene observaciones que hacer sobre el todo o una parte de la ley aprobada en el Congreso, las presenta a éste en el mencionado término de quince días.

Reconsiderada la ley por el Congreso, su Presidente la promulga, con el voto de más de la mitad del número legal de miembros del Congreso.

Artículo 109. La ley es obligatoria desde el día siguiente de su publicación en el diario oficial, salvo disposición contraria de la misma ley que posterga su vigencia en todo o en parte.

Capítulo IV. Poder Ejecutivo

Artículo 110. El Presidente de la República es el Jefe del Estado y personifica a la Nación.

Para ser elegido Presidente de la República se requiere ser peruano por nacimiento, tener más de treinta y cinco años de edad al momento de la postulación y gozar del derecho de sufragio.

Artículo 111. El Presidente de la República se elige por sufragio directo. Es elegido el candidato que obtiene más de la mitad de los votos. Los votos viciados o en blanco no se computan.

Si ninguno de los candidatos obtiene la mayoría absoluta, se procede a una segunda elección, dentro de los treinta días siguientes a la proclamación de los cómputos oficiales, entre los candidatos que han obtenido las dos más altas mayorías relativas.

Junto con el Presidente de la República son elegidos, de la misma manera, con los mismos requisitos y por igual término, dos vicepresidentes.

Artículo 112. El mandato presidencial es de cinco años, no hay reelección inmediata. Transcurrido otro período constitucional, como mínimo, el ex presidente puede volver a postular, sujeto a las mismas condiciones.

Artículo 113. La Presidencia de la República vaca por:

1. Muerte del Presidente de la República.
2. Su permanente incapacidad moral o física, declarada por el Congreso.
3. Aceptación de su renuncia por el Congreso.
4. Salir del territorio nacional sin permiso del Congreso o no regresar a él dentro del plazo fijado. Y
5. Destitución, tras haber sido sancionado por alguna de las infracciones mencionadas en el artículo 117° de la Constitución.

Artículo 114. El ejercicio de la Presidencia de la República se suspende por:

1. Incapacidad temporal del Presidente, declarada por el Congreso, o
2. Hallarse éste sometido a proceso judicial, conforme al artículo 117° de la Constitución.

Artículo 115. Por impedimento temporal o permanente del Presidente de la República, asume sus funciones el Primer Vicepresidente. En defecto de éste, el Segundo Vicepresidente. Por impedimento de ambos, el Presidente del Congreso. Si el impedimento es permanente, el Presidente del Congreso convoca de inmediato a elecciones.

Cuando el Presidente de la República sale del territorio nacional, el Primer Vicepresidente se encarga del despacho. En su defecto, lo hace el Segundo Vicepresidente.

Artículo 116. El Presidente de la República presta juramento de ley y asume el cargo, ante el Congreso, el 28 de julio del año en que se realiza la elección.

Artículo 117. El Presidente de la República sólo puede ser acusado, durante su período, por traición a la patria; por impedir las elecciones presidenciales, parlamentarias, regionales o municipales; por disolver el Congreso, salvo en los casos previstos en el artículo 134 de la Constitución, y por impedir su reunión o funcionamiento, o los del Jurado Nacional de Elecciones y otros organismos del sistema electoral.

Artículo 118. Corresponde al Presidente de la República:

1. Cumplir y hacer cumplir la Constitución y los tratados, leyes y demás disposiciones legales.
2. Representar al Estado, dentro y fuera de la República.
3. Dirigir la política general del Gobierno.
4. Velar por el orden interno y la seguridad exterior de la República.
5. Convocar a elecciones para Presidente de la República y para representantes a Congreso, así como para alcaldes y regidores y demás funcionarios que señala la ley.
6. Convocar al Congreso a legislatura extraordinaria; y firmar, en ese caso, el decreto de convocatoria.
7. Dirigir mensajes al Congreso en cualquier época y obligatoriamente, en forma personal y por escrito, al instalarse la primera legislatura ordinaria anual. Los mensajes anuales contienen la exposición detallada de la situación de la República y las mejoras y reformas que el Presidente juzgue necesarias y convenientes para su consideración por el Congreso. Los mensajes del Presidente de la República, salvo el primero de ellos, son aprobados por el Consejo de Ministros.
8. Ejercer la potestad de reglamentar las leyes sin transgredirlas ni desnaturalizarlas; y, dentro de tales límites, dictar decretos y resoluciones.
9. Cumplir y hacer cumplir las sentencias y resoluciones de los órganos jurisdiccionales.
10. Cumplir y hacer cumplir las resoluciones del Jurado Nacional de Elecciones.
11. Dirigir la política exterior y las relaciones internacionales; y celebrar y ratificar tratados.
12. Nombrar embajadores y ministros plenipotenciarios, con aprobación del Consejo de Ministros, con cargo de dar cuenta al Congreso.
13. Recibir a los agentes diplomáticos extranjeros, y autorizar a los cónsules el ejercicio de sus funciones.
14. Presidir el Sistema de Defensa Nacional; y organizar, distribuir y disponer el empleo de las Fuerzas Armadas y de la Policía Nacional.
15. Adoptar las medidas necesarias para la defensa de la República, de la integridad del territorio y de la soberanía del Estado.
16. Declarar la guerra y firmar la paz, con autorización del Congreso.
17. Administrar la hacienda pública.

18. Negociar los empréstitos.
19. Dictar medidas extraordinarias, mediante decretos de urgencia con fuerza de ley, en materia económica y financiera, cuando así lo requiere el interés nacional y con cargo de dar cuenta al Congreso. El Congreso puede modificar o derogar los referidos decretos de urgencia.
20. Regular las tarifas arancelarias.
21. Conceder indultos y conmutar penas. Ejercer el derecho de gracia en beneficio de los procesados en los casos en que la etapa de instrucción haya excedido el doble de su plazo más su ampliatoria.
22. Conferir condecoraciones en nombre de la Nación, con acuerdo del Consejo de Ministros.
23. Autorizar a los peruanos para servir en un ejército extranjero. Y
24. Ejercer las demás funciones de gobierno y administración que la Constitución y las leyes le encomiendan.

Capítulo V. Del Consejo de Ministros

Artículo 119. La dirección y la gestión de los servicios públicos están confiadas al Consejo de Ministros; y a cada ministro en los asuntos que competen a la cartera a su cargo.

Artículo 120. Son nulos los actos del Presidente de la República que carecen de refrendación ministerial.

Artículo 121. Los ministros, reunidos, forman el Consejo de Ministros. La ley determina su organización y funciones.

El Consejo de Ministros tiene su Presidente. Corresponde al Presidente de la República presidir el Consejo de Ministros cuando lo convoca o cuando asiste a sus sesiones.

Artículo 122. El Presidente de la República nombra y remueve al Presidente del Consejo. Nombra y remueve a los demás ministros, a propuesta y con acuerdo, respectivamente, del Presidente del Consejo.

Artículo 123. Al Presidente del Consejo de Ministros, quien puede ser ministro sin cartera, le corresponde:

1. Ser, después del Presidente de la República, el portavoz autorizado del gobierno.
2. Coordinar las funciones de los demás ministros.

3. Refrendar los decretos legislativos, los decretos de urgencia y los demás decretos y resoluciones que señalan la Constitución y la ley.

Artículo 124. Para ser ministro de Estado, se requiere ser peruano por nacimiento, ciudadano en ejercicio y haber cumplido veinticinco años de edad. Los miembros de las Fuerzas Armadas y de la Policía Nacional pueden ser ministros.

Artículo 125. Son atribuciones del Consejo de Ministros:

1. Aprobar los proyectos de ley que el Presidente de la República somete al Congreso.
2. Aprobar los decretos legislativos y los decretos de urgencia que dicta el Presidente de la República, así como los proyectos de ley y los decretos y resoluciones que dispone la ley.
3. Deliberar sobre asuntos de interés público. Y
4. Las demás que le otorgan la Constitución y la ley.

Artículo 126. Todo acuerdo del Consejo de Ministros requiere el voto aprobatorio de la mayoría de sus miembros, y consta en acta.

Los ministros no pueden ejercer otra función pública, excepto la legislativa.

Los ministros no pueden ser gestores de intereses propios o de terceros ni ejercer actividad lucrativa, ni intervenir en la dirección o gestión de empresas ni asociaciones privadas.

Artículo 127. No hay ministros interinos. El Presidente de la República puede encomendar a un ministro que, con retención de su cartera, se encargue de otra por impedimento del que la sirve, sin que este encargo pueda prolongarse por más de treinta días ni trasmitirse a otros ministros.

Artículo 128. Los ministros son individualmente responsables por sus propios actos y por los actos presidenciales que refrendan.

Todos los ministros son solidariamente responsables por los actos delictivos o violatorios de la Constitución o de las leyes en que incurra el Presidente de la República o que se acuerden en Consejo, aunque salven su voto, a no ser que renuncien inmediatamente.

Artículo 129. El Consejo de Ministros en pleno o los ministros por separado pueden concurrir a las sesiones del Congreso y participar en sus debates con las mismas prerrogativas que los parlamentarios, salvo la de votar si no son congresistas.

Concurren también cuando son invitados para informar. El Presidente del Consejo o uno, por lo menos, de los ministros concurre periódicamente a las sesiones plenarias del Congreso para la estación de preguntas.

Capítulo VI. De las Relaciones con el Poder Legislativo

Artículo 130. Dentro de los treinta días de haber asumido sus funciones, el Presidente del Consejo concurre al Congreso, en compañía de los demás ministros, para exponer y debatir la política general del gobierno y las principales medidas que requiere su gestión. Plantea al efecto cuestión de confianza.

Si el Congreso no está reunido, el Presidente de la República convoca a legislatura extraordinaria.

Artículo 131. Es obligatoria la concurrencia del Consejo de Ministros, o de cualquiera de los ministros, cuando el Congreso los llama para interpelarlos.

La interpelación se formula por escrito. Debe ser presentada por no menos del quince por ciento del número legal de congresistas. Para su admisión, se requiere el voto del tercio del número de representantes hábiles; la votación se efectúa indefectiblemente en la siguiente sesión.

El Congreso señala día y hora para que los ministros contesten la interpelación. Esta no puede realizarse ni votarse antes del tercer día de su admisión ni después del décimo.

Artículo 132. El Congreso hace efectiva la responsabilidad política del Consejo de Ministros, o de los ministros por separado, mediante el voto de censura o el rechazo de la cuestión de confianza. Esta última sólo se plantea por iniciativa ministerial.

Toda moción de censura contra el Consejo de Ministros, o contra cualquiera de los ministros, debe ser presentada por no menos del veinticinco por ciento del número legal de congresistas. Se debate y vota entre el cuarto y el décimo día natural después de su presentación. Su aprobación requiere del voto de más de la mitad del número legal de miembros del Congreso.

El Consejo de Ministros, o el ministro censurado, debe renunciar.

El Presidente de la República acepta la dimisión dentro de las setenta y dos horas siguientes.

La desaprobación de una iniciativa ministerial no obliga al ministro a dimitir, salvo que haya hecho cuestión de confianza de la aprobación.

Artículo 133. El Presidente del Consejo de Ministros puede plantear ante el Congreso una cuestión de confianza a nombre del Consejo. Si la confianza le es rehusada, o si es censurado, o si renuncia o es removido por el Presidente de la República, se produce la crisis total del gabinete.

Artículo 134. El Presidente de la República está facultado para disolver el Congreso si éste ha censurado o negado su confianza a dos Consejos de Ministros.

El decreto de disolución contiene la convocatoria a elecciones para un nuevo Congreso. Dichas elecciones se realizan dentro de los cuatro meses de la fecha de disolución, sin que pueda alterarse el sistema electoral preexistente.

No puede disolverse el Congreso en el último año de su mandato. Disuelto el Congreso, se mantiene en funciones la Comisión Permanente, la cual no puede ser disuelta.

No hay otras formas de revocatoria del mandato parlamentario.

Bajo estado de sitio, el Congreso no puede ser disuelto.

Artículo 135. Reunido el nuevo Congreso, puede censurar al Consejo de Ministros, o negarle la cuestión de confianza, después de que el Presidente del Consejo haya expuesto ante el Congreso los actos del Poder Ejecutivo durante el interregno parlamentario.

En ese interregno, el Poder Ejecutivo legisla mediante decretos de urgencia, de los que da cuenta a la Comisión Permanente para que los examine y los eleve al Congreso, una vez que éste se instale.

Artículo 136. Si las elecciones no se efectúan dentro del plazo señalado, el Congreso disuelto se reúne de pleno derecho, recobra sus facultades, y destituye al Consejo de Ministros. Ninguno de los miembros de éste puede ser nombrado nuevamente ministro durante el resto del período presidencial.

El Congreso extraordinariamente así elegido sustituye al anterior, incluida la Comisión Permanente, y completa el período constitucional del Congreso disuelto.

Capítulo VII. Régimen De Excepción

Artículo 137. El Presidente de la República, con acuerdo del Consejo de Ministros, puede decretar, por plazo determinado, en todo el territorio nacional, o en parte de él, y dando cuenta al Congreso o a la Comisión Permanente, los estados de excepción que en este artículo se contemplan:

1. Estado de emergencia, en caso de perturbación de la paz o del orden interno, de catástrofe o de graves circunstancias que afecten la vida de la Nación. En esta eventualidad, puede restringirse o suspenderse el ejercicio de los derechos constitucionales relativos a la libertad y la seguridad personales, la inviolabilidad del domicilio, y la libertad de reunión y de tránsito en el territorio comprendidos en los incisos 9, 11 y 12 del artículo 2° y en el inciso 24, apartado f del mismo artículo. En ninguna circunstancia se puede desterrar a nadie.
   El plazo del estado de emergencia no excede de sesenta días. Su prórroga requiere nuevo decreto. En estado de emergencia las Fuerzas Armadas asumen el control del orden interno si así lo dispone el Presidente de la República.
2. Estado de sitio, en caso de invasión, guerra exterior, guerra civil, o peligro inminente de que se produzcan, con mención de los derechos fundamentales cuyo ejercicio no se restringe o suspende. El plazo correspondiente no excede de cuarenta y cinco días. Al decretarse el estado de sitio, el Congreso se reúne de pleno derecho. La prórroga requiere aprobación del Congreso.

Capítulo VIII. Poder Judicial

Artículo 138. La potestad de administrar justicia emana del pueblo y se ejerce por el Poder Judicial a través de sus órganos jerárquicos con arreglo a la Constitución y a las leyes.

En todo proceso, de existir incompatibilidad entre una norma constitucional y una norma legal, los jueces prefieren la primera. Igualmente, prefieren la norma legal sobre toda otra norma de rango inferior.

Artículo 139. Son principios y derechos de la función jurisdiccional:

1. La unidad y exclusividad de la función jurisdiccional.
   No existe ni puede establecerse jurisdicción alguna independiente, con excepción de la militar y la arbitral.
   No hay proceso judicial por comisión o delegación.

2. La independencia en el ejercicio de la función jurisdiccional.
   Ninguna autoridad puede avocarse a causas pendientes ante el órgano jurisdiccional ni interferir en el ejercicio de sus funciones. Tampoco puede dejar sin efecto resoluciones que han pasado en autoridad de cosa juzgada, ni cortar procedimientos en trámite, ni modificar sentencias ni retardar su ejecución. Estas disposiciones no afectan el derecho de gracia ni la facultad de investigación del Congreso, cuyo ejercicio no debe, sin embargo, interferir en el procedimiento jurisdiccional ni surte efecto jurisdiccional alguno.
3. La observancia del debido proceso y la tutela jurisdiccional.
   Ninguna persona puede ser desviada de la jurisdicción predeterminada por la ley, ni sometida a procedimiento distinto de los previamente establecidos, ni juzgada por órganos jurisdiccionales de excepción ni por comisiones especiales creadas al efecto, cualquiera sea su denominación.
4. La publicidad en los procesos, salvo disposición contraria de la ley.
   Los procesos judiciales por responsabilidad de funcionarios públicos, y por los delitos cometidos por medio de la prensa y los que se refieren a derechos fundamentales garantizados por la Constitución, son siempre públicos.
5. La motivación escrita de las resoluciones judiciales en todas las instancias, excepto los decretos de mero trámite, con mención expresa de la ley aplicable y de los fundamentos de hecho en que se sustentan.
6. La pluralidad de la instancia.
7. La indemnización, en la forma que determine la ley, por los errores judiciales en los procesos penales y por las detenciones arbitrarias, sin perjuicio de la responsabilidad a que hubiere lugar.
8. El principio de no dejar de administrar justicia por vacío o deficiencia de la ley.
   En tal caso, deben aplicarse los principios generales del derecho y el derecho consuetudinario.
9. El principio de inaplicabilidad por analogía de la ley penal y de las normas que restrinjan derechos.
10. El principio de no ser penado sin proceso judicial.
11. La aplicación de la ley más favorable al procesado en caso de duda o de conflicto entre leyes penales.
12. El principio de no ser condenado en ausencia.
13. La prohibición de revivir procesos fenecidos con resolución ejecutoriada. La amnistía, el indulto, el sobreseimiento definitivo y la prescripción producen los efectos de cosa juzgada.

14. El principio de no ser privado del derecho de defensa en ningún estado del proceso. Toda persona será informada inmediatamente y por escrito de la causa o las razones de su detención. Tiene derecho a comunicarse personalmente con un defensor de su elección y a ser asesorada por éste desde que es citada o detenida por cualquier autoridad.
15. El principio de que toda persona debe ser informada, inmediatamente y por escrito, de las causas o razones de su detención.
16. El principio de la gratuidad de la administración de justicia y de la defensa gratuita para las personas de escasos recursos; y, para todos, en los casos que la ley señala.
17. La participación popular en el nombramiento y en la revocación de magistrados, conforme a ley.
18. La obligación del Poder Ejecutivo de prestar la colaboración que en los procesos le sea requerida.
19. La prohibición de ejercer función judicial por quien no ha sido nombrado en la forma prevista por la Constitución o la ley. Los órganos jurisdiccionales no pueden darle posesión del cargo, bajo responsabilidad.
20. El principio del derecho de toda persona de formular análisis y críticas de las resoluciones y sentencias judiciales, con las limitaciones de ley.
21. El derecho de los reclusos y sentenciados de ocupar establecimientos adecuados.
22. El principio de que el régimen penitenciario tiene por objeto la reeducación, rehabilitación y reincorporación del penado a la sociedad.

Artículo 140. La pena de muerte sólo puede aplicarse por el delito de traición a la patria en caso de guerra, y el de terrorismo, conforme a las leyes y a los tratados de los que el Perú es parte obligada.

Artículo 141. Corresponde a la Corte Suprema fallar en casación, o en última instancia, cuando la acción se inicia en una Corte Superior o ante la propia Corte Suprema conforme a ley. Asimismo, conoce en casación las resoluciones del Fuero Militar, con las limitaciones que establece el artículo 173°.

Artículo 142. No son revisables en sede judicial las resoluciones del Jurado Nacional de Elecciones en materia electoral, ni las del Consejo Nacional de la Magistratura en materia de evaluación y ratificación de jueces.

Artículo 143. El Poder Judicial está integrado por órganos jurisdiccionales que administran justicia en nombre de la Nación, y por órganos que ejercen su gobierno y administración.

Los órganos jurisdiccionales son: la Corte Suprema de Justicia y las demás cortes y juzgados que determine su ley orgánica.

Artículo 144. El Presidente de la Corte Suprema lo es también del Poder Judicial. La Sala Plena de la Corte Suprema es el órgano máximo de deliberación del Poder Judicial.

Artículo 145. El Poder Judicial presenta su proyecto de presupuesto al Poder Ejecutivo y lo sustenta ante el Congreso.

Artículo 146. La función jurisdiccional es incompatible con cualquiera otra actividad pública o privada, con excepción de la docencia universitaria fuera del horario de trabajo.

Los jueces sólo perciben las remuneraciones que les asigna el Presupuesto y las provenientes de la enseñanza o de otras tareas expresamente previstas por la ley.

El Estado garantiza a los magistrados judiciales:

1. Su independencia. Sólo están sometidos a la Constitución y la ley.
2. La inamovilidad en sus cargos. No pueden ser trasladados sin su consentimiento.
3. Su permanencia en el servicio, mientras observen conducta e idoneidad propias de su función. Y
4. Una remuneración que les asegure un nivel de vida digno de su misión y jerarquía.

Artículo 147. Para ser Magistrado de la Corte Suprema se requiere:

1. Ser peruano de nacimiento.
2. Ser ciudadano en ejercicio.
3. Ser mayor de cuarenta y cinco años.
4. Haber sido magistrado de la Corte Superior o Fiscal Superior durante diez años, o haber ejercido la abogacía o la cátedra universitaria en materia jurídica durante quince años.

Artículo 148. Las resoluciones administrativas que causan estado son susceptibles de impugnación mediante la acción contencioso-administrativa.

Artículo 149. Las autoridades de las Comunidades Campesinas y Nativas, con el apoyo de las Rondas Campesinas, pueden ejercer las funciones jurisdiccionales dentro de su ámbito territorial de conformidad con el derecho consuetudinario, siempre que no violen los derechos fundamentales de la persona. La ley establece las formas de coordinación de dicha jurisdicción especial con los Juzgados de Paz y con las demás instancias del Poder Judicial.

Capítulo IX. Del Consejo Nacional de la Magistratura

Artículo 150. El Consejo Nacional de la Magistratura se encarga de la selección y el nombramiento de los jueces y fiscales, salvo cuando éstos provengan de elección popular.

El Consejo Nacional de la Magistratura es independiente y se rige por su Ley Orgánica,

Artículo 151. La Academia de la Magistratura, que forma parte del Poder Judicial, se encarga de la formación y capacitación de jueces y fiscales en todos sus niveles, para los efectos de su selección.

Es requisito para el ascenso la aprobación de los estudios especiales que requiera dicha Academia.

Artículo 152. Los Jueces de Paz provienen de elección popular.

Dicha elección, sus requisitos, el desempeño jurisdiccional, la capacitación y la duración en sus cargos son normados por ley.

La ley puede establecer la elección de los jueces de primera instancia y determinar los mecanismos pertinentes.

Artículo 153. Los jueces y fiscales están prohibidos de participar en política, de sindicarse y de declararse en huelga.

Artículo 154. Son funciones de la Junta Nacional de Justicia:

1. Nombrar, previo concurso público de méritos y evaluación personal, a los jueces y fiscales de todos los niveles. Dichos nombramientos requieren el voto público y motivado conforme de los dos tercios del número legal de sus miembros.
2. Ratificar, con voto público y motivado, a los jueces y fiscales de todos los niveles cada siete años; y ejecutar conjuntamente con la Academia de la Magistratura la evaluación parcial de desempeño de los jueces y fiscales de todos los niveles cada tres años seis meses. Los no ratificados o destituidos no pueden reingresar al Poder Judicial ni al Ministerio Público.

3. Aplicar la sanción de destitución a los jueces de la Corte Suprema y fiscales supremos; y, de oficio o a solicitud de la Corte Suprema o de la Junta de Fiscales Supremos, respectivamente, a los jueces y fiscales de todas las instancias. En el caso de los jueces supremos y fiscales supremos también será posible la aplicación de amonestación o suspensión de hasta ciento veinte (120) días calendario, aplicando criterios de razonabilidad y proporcionalidad. La resolución final debe ser motivada y con previa audiencia del interesado. Tiene naturaleza de inimpugnable.
4. Registrar, custodiar, mantener actualizado y publicar el Registro de Sanciones Disciplinarias de Jueces y Fiscales.
5. Extender a los jueces y fiscales el título oficial que los acredita.
6. Presentar un informe anual al Pleno del Congreso.

Artículo 155. La Junta Nacional de Justicia está conformada por siete miembros titulares seleccionados mediante concurso público de méritos, por un período de cinco años. Está prohibida la reelección. Los suplentes son convocados por estricto orden de mérito obtenido en el concurso.

El concurso público de méritos está a cargo de una Comisión Especial, conformada por:

1. El Defensor del Pueblo, quien la preside;
2. El Presidente del Poder Judicial;
3. El Fiscal de la Nación;
4. El Presidente del Tribunal Constitucional;
5. El Contralor General de la República;
6. Un rector elegido en votación por los rectores de las universidades públicas licenciadas con más de cincuenta años de antigüedad; y,
7. Un rector elegido en votación por los rectores de las universidades privadas licenciadas con más de cincuenta años de antigüedad.

La Comisión Especial debe instalarse, a convocatoria del Defensor del Pueblo, seis meses antes del vencimiento del mandato de los miembros de la Junta Nacional de Justicia y cesa con la juramentación de los miembros elegidos.

La selección de los miembros es realizada a través de un procedimiento de acuerdo a ley, para lo cual, la Comisión Especial cuenta con el apoyo de una Secretaría Técnica Especializada. El procedimiento brinda las garantías de probidad, imparcialidad, publicidad y transparencia.

Artículo 156. Para ser miembro de la Junta Nacional de Justicia se requiere:

1. Ser peruano de nacimiento.
2. Ser ciudadano en ejercicio.
3. Ser mayor de cuarenta y cinco (45) años, y menor de setenta y cinco (75) años.
4. Ser abogado:
   a. Con experiencia profesional no menor de veinticinco (25) años; o,
   b. Haber ejercido la cátedra universitaria por no menos de veinticinco (25) años; o,
   c. Haber ejercido la labor de investigador en materia jurídica por lo menos durante quince (15) años.
5. No tener sentencia condenatoria firme por delito doloso.
6. Tener reconocida trayectoria profesional y solvencia e idoneidad moral.

Los miembros de la Junta Nacional de Justicia gozan de los mismos beneficios y derechos y están sujetos a las mismas obligaciones e incompatibilidades que los jueces supremos. Su función no debe incurrir en conflicto de intereses y es incompatible con cualquier otra actividad pública o privada fuera del horario de trabajo. Salvo la docencia universitaria.

Artículo 157. Los miembros del Consejo Nacional de la Magistratura pueden ser removidos por causa grave mediante acuerdo del Congreso adoptado con el voto conforme de los dos tercios del número legal de miembros.

Capítulo X. Del Ministerio Público

Artículo 158. El Ministerio Público es autónomo. El Fiscal de la Nación lo preside. Es elegido por la Junta de Fiscales Supremos. El cargo de Fiscal de la Nación dura tres años, y es prorrogable, por reelección, sólo por otros dos. Los miembros del Ministerio Público tienen los mismos derechos y prerrogativas y están sujetos a las mismas obligaciones que los del Poder Judicial en la categoría respectiva. Les afectan las mismas incompatibilidades. Su nombramiento está sujeto a requisitos y procedimientos idénticos a los de los miembros del Poder Judicial en su respectiva categoría.

Artículo 159. Corresponde al Ministerio Público:

1. Promover de oficio, o a petición de parte, la acción judicial en defensa de la legalidad y de los intereses públicos tutelados por el derecho.

2. Velar por la independencia de los órganos jurisdiccionales y por la recta administración de justicia.

3. Representar en los procesos judiciales a la sociedad.

4. Conducir desde su inicio la investigación del delito. Con tal propósito, la Policía Nacional está obligada a cumplir los mandatos del Ministerio Público en el ámbito de su función.

5. Ejercitar la acción penal de oficio o a petición de parte.

6. Emitir dictamen previo a las resoluciones judiciales en los casos que la ley contempla.

7. Ejercer iniciativa en la formación de las leyes; y dar cuenta al Congreso, o al Presidente de la República, de los vacíos o defectos de la legislación.

Artículo 160. El proyecto de presupuesto del Ministerio Público se aprueba por la Junta de Fiscales Supremos. Se presenta ante el Poder Ejecutivo y se sustenta en esa instancia y en el Congreso.

Capítulo XI. De la Defensoría del Pueblo

Artículo 161. La Defensoría del Pueblo es autónoma. Los órganos públicos están obligados a colaborar con la Defensoría del Pueblo cuando ésta lo requiere.

Su estructura, en el ámbito nacional, se establece por ley orgánica.

El Defensor del Pueblo es elegido y removido por el Congreso con el voto de los dos tercios de su número legal. Goza de la misma inmunidad y de las mismas prerrogativas de los congresistas.

Para ser elegido Defensor del Pueblo se requiere haber cumplido treinta y cinco años de edad y ser abogado.

El cargo dura cinco años y no está sujeto a mandato imperativo. Tiene las mismas incompatibilidades que los vocales supremos.

Artículo 162. Corresponde a la Defensoría del Pueblo defender los derechos constitucionales y fundamentales de la persona y de la comunidad; y supervisar el cumplimiento de los deberes de la administración estatal y la prestación de los servicios públicos a la ciudadanía. El Defensor del Pueblo presenta informe al Congreso una vez al año, y cada vez que éste lo solicita. Tiene iniciativa en la formación de las leyes. Puede proponer las medidas que faciliten el mejor cumplimiento de sus funciones.

El proyecto de presupuesto de la Defensoría del Pueblo es presentado ante el Poder Ejecutivo y sustentado por su titular en esa instancia y en el Congreso.

Capítulo XII. De la Seguridad y de la Defensa Nacional

Artículo 163. El Estado garantiza la seguridad de la Nación mediante el Sistema de Defensa Nacional.

La Defensa Nacional es integral y permanente. Se desarrolla en los ámbitos interno y externo. Toda persona, natural o jurídica, está obligada a participar en la Defensa Nacional, de conformidad con la ley.

Artículo 164. La dirección, la preparación y el ejercicio de la Defensa Nacional se realizan a través de un sistema cuya organización y cuyas funciones determina la ley. El Presidente de la República dirige el Sistema de Defensa Nacional.

La ley determina los alcances y procedimientos de la movilización para los efectos de la defensa nacional.

Artículo 165. Las Fuerzas Armadas están constituidas por el Ejército, la Marina de Guerra y la Fuerza Aérea. Tienen como finalidad primordial garantizar la independencia, la soberanía y la integridad territorial de la República. Asumen el control del orden interno de conformidad con el artículo 137° de la Constitución.

Artículo 166. La Policía Nacional tiene por finalidad fundamental garantizar, mantener y restablecer el orden interno. Presta protección y ayuda a las personas y a la comunidad. Garantiza el cumplimiento de las leyes y la seguridad del patrimonio público y del privado. Previene, investiga y combate la delincuencia. Vigila y controla las fronteras.

Artículo 167. El Presidente de la República es el Jefe Supremo de las Fuerzas Armadas y de la Policía Nacional.

Artículo 168. Las leyes y los reglamentos respectivos determinan la organización, las funciones, las especialidades, la preparación y el empleo; y norman la disciplina de las Fuerzas Armadas y de la Policía Nacional.

Las Fuerzas Armadas organizan sus reservas y disponen de ellas según las necesidades de la Defensa Nacional, de acuerdo a ley.

Artículo 169. Las Fuerzas Armadas y la Policía Nacional no son deliberantes. Están subordinadas al poder constitucional.

Artículo 170. La ley asigna los fondos destinados a satisfacer los requerimientos logísticos de las Fuerzas Armadas y la Policía Nacional. Tales fondos deben ser dedicados exclusivamente a fines institucionales, bajo el control de la autoridad señalada por la ley.

Artículo 171. Las Fuerzas Armadas y la Policía Nacional participan en el desarrollo económico y social del país, y en la defensa civil de acuerdo a ley.

Artículo 172. El número de efectivos de las Fuerzas Armadas y de la Policía Nacional se fija anualmente por el Poder Ejecutivo. Los recursos correspondientes son aprobados en la Ley de Presupuesto.

Los ascensos se confieren de conformidad con la ley. El Presidente de la República otorga los ascensos de los generales y almirantes de las Fuerzas Armadas y de los generales de la Policía Nacional, según propuesta del instituto correspondiente.

Artículo 173. En caso de delito de función, los miembros de las Fuerzas Armadas y de la Policía Nacional están sometidos al fuero respectivo y al Código de Justicia Militar. Las disposiciones de éste no son aplicables a los civiles, salvo en el caso de los delitos de traición a la patria y de terrorismo que la ley determina. La casación a que se refiere el artículo 141° sólo es aplicable cuando se imponga la pena de muerte.

Quienes infringen las normas del Servicio Militar Obligatorio están asimismo sometidos al Código de Justicia Militar.

Artículo 174. Los grados y honores, las remuneraciones y las pensiones inherentes a la jerarquía de oficiales de las Fuerzas Armadas y de la Policía Nacional son equivalentes. La ley establece las equivalencias correspondientes al personal militar o policial de carrera que no tiene grado o jerarquía de oficial.

En ambos casos, los derechos indicados sólo pueden retirarse a sus titulares por sentencia judicial.

Artículo 175. Sólo las Fuerzas Armadas y la Policía Nacional pueden poseer y usar armas de guerra.

Todas las que existen, así como las que se fabriquen o se introduzcan en el país pasan a ser propiedad del Estado sin proceso ni indemnización.

Se exceptúa la fabricación de armas de guerra por la industria privada en los casos que la ley señale.

La ley reglamenta la fabricación, el comercio, la posesión y el uso, por los particulares, de armas distintas de las de guerra.

Capítulo XIII. Del Sistema Electoral

Artículo 176. El sistema electoral tiene por finalidad asegurar que las votaciones traduzcan la expresión auténtica, libre y espontánea de los ciudadanos; y que los escrutinios sean reflejo exacto y oportuno de la voluntad del elector expresada en las urnas por votación directa.

Tiene por funciones básicas el planeamiento, la organización y la ejecución de los procesos electorales o de referéndum u otras consultas populares; el mantenimiento y la custodia de un registro único de identificación de las personas; y el registro de los actos que modifican el estado civil.

Artículo 177. El sistema electoral está conformado por el Jurado Nacional de Elecciones; la Oficina Nacional de Procesos Electorales; y el Registro Nacional de Identificación y Estado Civil. Actúan con autonomía y mantienen entre sí relaciones de coordinación, de acuerdo con sus atribuciones.

Artículo 178. Compete al Jurado Nacional de Elecciones:

1. Fiscalizar la legalidad del ejercicio del sufragio y de la realización de los procesos electorales, del referéndum y de otras consultas populares, así como también la elaboración de los padrones electorales.
2. Mantener y custodiar el registro de organizaciones políticas.
3. Velar por el cumplimiento de las normas sobre organizaciones políticas y demás disposiciones referidas a materia electoral.
4. Administrar justicia en materia electoral.
5. Proclamar a los candidatos elegidos; el resultado del referéndum o el de otros tipos de consulta popular y expedir las credenciales correspondientes.
6. Las demás que la ley señala.

En materia electoral, el Jurado Nacional de Elecciones tiene iniciativa en la formación de las leyes.

Presenta al Poder Ejecutivo el proyecto de Presupuesto del Sistema Electoral que incluye por separado las partidas propuestas por cada entidad del sistema. Lo sustenta en esa instancia y ante el Congreso.

Artículo 179. La máxima autoridad del Jurado Nacional de Elecciones es un Pleno compuesto por cinco miembros:

1. Uno elegido en votación secreta por la Corte Suprema entre sus magistrados jubilados o en actividad. En este segundo caso, se concede licencia al elegido. El representante de la Corte Suprema preside el Jurado Nacional de Elecciones.
2. Uno elegido en votación secreta por la Junta de Fiscales Supremos, entre los Fiscales Supremos jubilados o en actividad. En este segundo caso, se concede licencia al elegido.
3. Uno elegido en votación secreta por el Colegio de Abogados de Lima, entre sus miembros.
4. Uno elegido en votación secreta por los decanos de las Facultades de Derecho de las universidades públicas, entre sus ex decanos.
5. Uno elegido en votación secreta por los decanos de las Facultades de Derecho de las universidades privadas, entre sus ex decanos.

Artículo 180. Los integrantes del Pleno del Jurado Nacional de Elecciones no pueden ser menores de cuarenta y cinco años ni mayores de setenta. Son elegidos por un período de cuatro años. Pueden ser reelegidos. La ley establece la forma de renovación alternada cada dos años.

El cargo es remunerado y de tiempo completo. Es incompatible con cualquiera otra función pública, excepto la docencia a tiempo parcial.

No pueden ser miembros del Pleno del Jurado los candidatos a cargos de elección popular, ni los ciudadanos que desempeñan cargos directivos con carácter nacional en las organizaciones políticas, o que los han desempeñado en los cuatro años anteriores a su postulación.

Artículo 181. El Pleno del Jurado Nacional de Elecciones aprecia los hechos con criterio de conciencia. Resuelve con arreglo a ley y a los principios generales de derecho. En materias electorales, de referéndum o de otro tipo de consultas populares, sus resoluciones son dictadas en instancia final, definitiva, y no son revisables. Contra ellas no procede recurso alguno.

Artículo 182. El Jefe de la Oficina Nacional de Procesos Electorales es nombrado por el Consejo Nacional de la Magistratura por un período renovable de cuatro años. Puede ser removido por el propio Consejo por falta grave. Está afecto a las mismas incompatibilidades previstas para los integrantes del Pleno del Jurado Nacional de Elecciones.

Le corresponde organizar todos los procesos electorales, de referéndum y los de otros tipos de consulta popular, incluido su presupuesto, así como la elaboración y el diseño de la cédula de sufragio. Le corresponde asimismo la entrega de actas y demás material necesario para los escrutinios y la difusión de sus resultados. Brinda información permanente sobre el cómputo desde el inicio del escrutinio en las mesas de sufragio. Ejerce las demás funciones que la ley le señala.

Artículo 183. El Jefe del Registro Nacional de Identificación y Estado Civil es nombrado por el Consejo Nacional de la Magistratura por un período renovable de cuatro años. Puede ser removido por dicho Consejo por falta grave. Está afecto a las mismas incompatibilidades previstas para los integrantes del Pleno del Jurado Nacional de Elecciones.

El Registro Nacional de Identificación y Estado Civil tiene a su cargo la inscripción de los nacimientos, matrimonios, divorcios, defunciones, y otros actos que modifican el estado civil. Emite las constancias correspondientes. Prepara y mantiene actualizado el padrón electoral. Proporciona al Jurado Nacional de Elecciones y a la Oficina Nacional de Procesos Electorales la información necesaria para el cumplimiento de sus funciones. Mantiene el registro de identificación de los ciudadanos y emite los documentos que acreditan su identidad.

Ejerce las demás funciones que la ley señala.

Artículo 184. El Jurado Nacional de Elecciones declara la nulidad de un proceso electoral, de un referéndum o de otro tipo de consulta popular cuando los votos nulos o en blanco, sumados o separadamente, superan los dos tercios del número de votos emitidos.

La ley puede establecer proporciones distintas para las elecciones municipales.

Artículo 185. El escrutinio de los votos en toda clase de elecciones, de referéndum o de otro tipo de consulta popular se realiza en acto público e ininterrumpido sobre la mesa de sufragio. Sólo es revisable en los casos de error material o de impugnación, los cuales se resuelven conforme a ley.

Artículo 186. La Oficina Nacional de Procesos Electorales dicta las instrucciones y disposiciones necesarias para el mantenimiento del orden y la protección de la libertad personal durante los comicios. Estas disposiciones son de cumplimiento obligatorio para las Fuerzas Armadas y la Policía Nacional.

Artículo 187. En las elecciones pluripersonales hay representación proporcional, conforme al sistema que establece la ley.

La ley contiene disposiciones especiales para facilitar el voto de los peruanos residentes en el extranjero.

Capítulo XIV. De la Descentralización

Artículo 188. La descentralización es una forma de organización democrática y constituye una política permanente de Estado, de carácter obligatorio, que tiene como objetivo fundamental el desarrollo integral del país. El proceso de descentralización se realiza por etapas, en forma progresiva y ordenada conforme a criterios que permitan una adecuada asignación de competencias y transferencia de recursos del gobierno nacional hacia los gobiernos regionales y locales.

Los Poderes del Estado y los Organismos Autónomos así como el Presupuesto de la República se descentralizan de acuerdo a ley.

Artículo 189. El territorio de la República está integrado por regiones, departamentos, provincias y distritos, en cuyas circunscripciones se constituye y organiza el gobierno a nivel nacional, regional y local, en los términos que establece la Constitución y la ley, preservando la unidad e integridad del Estado y de la Nación.

El ámbito del nivel regional de gobierno son las regiones y departamentos. El ámbito del nivel local de gobierno son las provincias, distritos y los centros poblados.

Artículo 190. Las regiones se crean sobre la base de áreas contiguas integradas histórica, cultural, administrativa y económicamente, conformando unidades geoeconómicas sostenibles.

El proceso de regionalización se inicia eligiendo gobiernos en los actuales departamentos y la provincia constitucional del Callao. Estos gobiernos son gobiernos regionales.

Mediante referéndum podrán integrarse dos o más circunscripciones departamentales contiguas para constituir una región, conforme a ley. Igual procedimiento siguen las provincias y distritos contiguos para cambiar de circunscripción regional.

La ley determina las competencias y facultades adicionales, así como incentivos especiales, de las regiones así integradas.

Mientras dure el proceso de integración, dos o más gobiernos regionales podrán crear mecanismos de coordinación entre sí. La ley determinará esos mecanismos.

Artículo 191. Los gobiernos regionales tienen autonomía política, económica y administrativa en los asuntos de su competencia. Coordinan con las municipalidades sin interferir sus funciones y atribuciones.

La estructura orgánica básica de estos gobiernos la conforman el Consejo Regional, como órgano normativo y fiscalizador, el Gobernador Regional, como órgano ejecutivo, y el Consejo de Coordinación Regional integrado por los alcaldes provinciales y por representantes de la sociedad civil, como órgano consultivo y de coordinación con las municipalidades, con las funciones y atribuciones que les señala la ley.

El Consejo Regional tendrá un mínimo de siete (7) miembros y un máximo de veinticinco (25), debiendo haber un mínimo de uno (1) por provincia y el resto, de acuerdo a ley, siguiendo un criterio de población electoral.

El Gobernador Regional es elegido conjuntamente con un Vicegobernador Regional, por sufragio directo por un período de cuatro (4) años. El mandato de dichas autoridades es revocable, conforme a ley. No hay reelección inmediata. Transcurrido otro período, como mínimo, los ex Gobernadores Regionales o ex Vicegobernadores Regionales pueden volver a postular, sujetos a las mismas condiciones. Los miembros del Consejo Regional son elegidos en la misma forma y por igual período. El mandato de dichas autoridades es irrenunciable, con excepción de los casos previstos en la Constitución.

Para postular a Presidente de la República, Vicepresidente, Congresista o Alcalde; los Gobernadores y Vicegobernadores Regionales deben renunciar al cargo seis (6) meses antes de la elección respectiva.

La ley establece porcentajes mínimos para hacer accesible la representación de género, comunidades campesinas y nativas, y pueblos originarios en los Consejos Regionales. Igual tratamiento se aplica para los Concejos Municipales.

Los Gobernadores Regionales están obligados a concurrir al Congreso de la República cuando éste lo requiera de acuerdo a ley y al Reglamento del Congreso de la República, y bajo responsabilidad.

Artículo 192. Los gobiernos regionales promueven el desarrollo y la economía regional, fomentan las inversiones, actividades y servicios públicos de su responsabilidad, en armonía con las políticas y planes nacionales y locales de desarrollo.

Son competentes para:

1. Aprobar su organización interna y su presupuesto.
2. Formular y aprobar el plan de desarrollo regional concertado con las municipalidades y la sociedad civil.
3. Administrar sus bienes y rentas.
4. Regular y otorgar las autorizaciones, licencias y derechos sobre los servicios de su responsabilidad.
5. Promover el desarrollo socioeconómico regional y ejecutar los planes y programas correspondientes.
6. Dictar las normas inherentes a la gestión regional.
7. Promover y regular actividades y/o servicios en materia de agricultura, pesquería, industria, agroindustria, comercio, turismo, energía, minería, vialidad, comunicaciones, educación, salud y medio ambiente, conforme a ley.
8. Fomentar la competitividad, las inversiones y el financiamiento para la ejecución de proyectos y obras de infraestructura de alcance e impacto regional.
9. Presentar iniciativas legislativas en materias y asuntos de su competencia.
10. Ejercer las demás atribuciones inherentes a su función, conforme a ley.

Artículo 193. Son bienes y rentas de los gobiernos regionales:

1. Los bienes muebles e inmuebles de su propiedad.
2. Las transferencias específicas que les asigne la Ley Anual de Presupuesto.
3. Los tributos creados por ley a su favor.
4. Los derechos económicos que generen por las privatizaciones, concesiones y servicios que otorguen, conforme a ley.
5. Los recursos asignados del Fondo de Compensación Regional, que tiene carácter redistributivo, conforme a ley.
6. Los recursos asignados por concepto de canon.
7. Los recursos provenientes de sus operaciones financieras, incluyendo aquellas que realicen con el aval del Estado, conforme a ley.
8. Los demás que determine la ley.

Artículo 194. Las municipalidades provinciales y distritales son los órganos de gobierno local. Tienen autonomía política, económica y administrativa en los asuntos de su competencia. Las municipalidades de los centros poblados son creadas conforme a ley.

La estructura orgánica del gobierno local la conforman el Concejo Municipal como órgano normativo y fiscalizador y la Alcaldía como órgano ejecutivo, con las funciones y atribuciones que les señala la ley.

Los alcaldes y regidores son elegidos por sufragio directo, por un período de cuatro (4) años. No hay reelección inmediata para los alcaldes. Transcurrido otro período, como mínimo, pueden volver a postular, sujetos a las mismas condiciones. Su mandato es revocable, conforme a ley. El mandato de alcaldes y regidores es irrenunciable, con excepción de los casos previstos en la Constitución.

Para postular a Presidente de la República, Vicepresidente, Congresista, Gobernador o Vicegobernador del Gobierno Regional; los Alcaldes deben renunciar al cargo seis (6) meses antes de la elección respectiva.

Artículo 195. Los gobiernos locales promueven el desarrollo y la economía local, y la prestación de los servicios públicos de su responsabilidad, en armonía con las políticas y planes nacionales y regionales de desarrollo.

Son competentes para:

1. Aprobar su organización interna y su presupuesto.
2. Aprobar el plan de desarrollo local concertado con la sociedad civil.
3. Administrar sus bienes y rentas.
4. Crear, modificar y suprimir contribuciones, tasas, arbitrios, licencias y derechos municipales, conforme a ley.
5. Organizar, reglamentar y administrar los servicios públicos locales de su responsabilidad.
6. Planificar el desarrollo urbano y rural de sus circunscripciones, incluyendo la zonificación, urbanismo y el acondicionamiento territorial.
7. Fomentar la competitividad, las inversiones y el financiamiento para la ejecución de proyectos y obras de infraestructura local.
8. Desarrollar y regular actividades y/o servicios en materia de educación, salud, vivienda, saneamiento, medio ambiente, sustentabilidad de los recursos naturales, transporte colectivo, circulación y tránsito, turismo, conservación de monumentos arqueológicos e históricos, cultura, recreación y deporte, conforme a ley.
9. Presentar iniciativas legislativas en materias y asuntos de su competencia.

10. Ejercer las demás atribuciones inherentes a su función, conforme a ley.

Artículo 196. Son bienes y rentas de las municipalidades:

1. Los bienes muebles e inmuebles de su propiedad.
2. Los tributos creados por ley a su favor.
3. Las contribuciones, tasas, arbitrios, licencias y derechos creados por Ordenanzas Municipales, conforme a ley.
4. Los derechos económicos que generen por las privatizaciones, concesiones y servicios que otorguen, conforme a ley.
5. Los recursos asignados del Fondo de Compensación Municipal, que tiene carácter redistributivo, conforme a ley.
6. Las transferencias específicas que les asigne la Ley Anual de Presupuesto.
7. Los recursos asignados por concepto de canon.
8. Los recursos provenientes de sus operaciones financieras, incluyendo aquellas que requieran el aval del Estado, conforme a ley.
9. Los demás que determine la ley.

Artículo 197. Las municipalidades promueven, apoyan y reglamentan la participación vecinal en el desarrollo local. Asimismo brindan servicios de seguridad ciudadana, con la cooperación de la Policía Nacional del Perú, conforme a ley.

Artículo 198. La Capital de la República no integra ninguna región. Tiene régimen especial en las leyes de descentralización y en la Ley Orgánica de Municipalidades. La Municipalidad Metropolitana de Lima ejerce sus competencias dentro del ámbito de la provincia de Lima.

Las municipalidades de frontera tienen, asimismo, régimen especial en la Ley Orgánica de Municipalidades.

Artículo 199. Los gobiernos regionales y locales son fiscalizados por sus propios órganos de fiscalización y por los organismos que tengan tal atribución por mandato constitucional o legal, y están sujetos al control y supervisión de la Contraloría General de la República, la que organiza un sistema de control descentralizado y permanente. Los mencionados gobiernos formulan sus presupuestos con la participación de la población y rinden cuenta de su ejecución, anualmente, bajo responsabilidad, conforme a ley.

Título V. De las Garantías Constitucionales

Artículo 200. Son garantías constitucionales:

1. La Acción de Hábeas Corpus, que procede ante el hecho u omisión, por parte de cualquier autoridad, funcionario o persona, que vulnera o amenaza la libertad individual o los derechos constitucionales conexos.
2. La Acción de Amparo, que procede contra el hecho u omisión, por parte de cualquier autoridad, funcionario o persona, que vulnera o amenaza los demás derechos reconocidos por la Constitución, con excepción de los señalados en el inciso siguiente. No procede contra normas leales ni contra Resoluciones Judiciales emanadas de procedimiento regular.
3. La Acción de Hábeas Data, que procede contra el hecho u omisión, por parte de cualquier autoridad, funcionario o persona, que vulnera o amenaza los derechos a que se refiere el Artículo 2°, incisos 5) y 6) de la Constitución.
4. La Acción de Inconstitucionalidad, que procede contra las normas que tienen rango de ley: leyes, decretos legislativos, decretos de urgencia, tratados, reglamentos del Congreso, normas regionales de carácter general y ordenanzas municipales que contravengan la Constitución en la forma o en el fondo.
5. La Acción Popular, que procede, por infracción de la Constitución y de la ley, contra los reglamentos, normas administrativas y resoluciones y decretos de carácter general, cualquiera sea la autoridad de la que emanen.
6. La Acción de Cumplimiento, que procede contra cualquier autoridad o funcionario renuente a acatar una norma legal o un acto administrativo, sin perjuicio de las responsabilidades de ley.

Una ley orgánica regula el ejercicio de estas garantías y los efectos de la declaración de inconstitucionalidad o ilegalidad de las normas.

El ejercicio de las acciones de hábeas corpus y de amparo no se suspende durante la vigencia de los regímenes de excepción a que se refiere el artículo 137° de la Constitución.

Cuando se interponen acciones de esta naturaleza en relación con derechos restringidos o suspendidos, el órgano jurisdiccional competente examina la razonabilidad y la proporcionalidad del acto restrictivo. No corresponde al juez cuestionar la declaración del estado de emergencia ni de sitio.

Artículo 201. El Tribunal Constitucional es el órgano de control de la Constitución. Es autónomo e independiente. Se compone de siete miembros elegidos por cinco años.

Para ser miembro del Tribunal Constitucional, se exigen los mismos requisitos que para ser vocal de la Corte Suprema. Los miembros del Tribunal Constitucional gozan de la misma inmunidad y de las mismas prerrogativas que los congresistas. Les alcanzan las mismas incompatibilidades. No hay reelección inmediata.

Los miembros del Tribunal Constitucional son elegidos por el Congreso de la República con el voto favorable de los dos tercios del número legal de sus miembros. No pueden ser elegidos magistrados del Tribunal Constitucional los jueces o fiscales que no han dejado el cargo con un año de anticipación.

Artículo 202. Corresponde al Tribunal Constitucional:

1. Conocer, en instancia única, la acción de inconstitucionalidad.
2. Conocer, en última y definitiva instancia, las resoluciones denegatorias de hábeas corpus, amparo, hábeas data, y acción de cumplimiento.
3. Conocer los conflictos de competencia, o de atribuciones asignadas por la Constitución, conforme a ley.

Artículo 203. Están facultados para interponer acción de inconstitucionalidad:

1. El Presidente de la República.
2. El Fiscal de la Nación.
3. El Presidente del Poder Judicial, con acuerdo de la Sala Plena de la Corte Suprema de Justicia.
4. El Defensor del Pueblo.
5. El veinticinco por ciento del número legal de congresistas.
6. Cinco mil ciudadanos con firmas comprobadas por el Jurado Nacional de Elecciones. Si la norma es una ordenanza municipal, está facultado para impugnarla el uno por ciento de los ciudadanos del respectivo ámbito territorial, siempre que este porcentaje no exceda del número de firmas anteriormente señalado.
7. Los Gobernadores Regionales con acuerdo del Consejo Regional, o los alcaldes provinciales con acuerdo de su Concejo, en materias de su competencia.
8. Los colegios profesionales, en materias de su especialidad.

Artículo 204. La sentencia del Tribunal que declara la inconstitucionalidad de una norma se publica en el diario oficial. Al día siguiente de la publicación, dicha norma queda sin efecto.

No tiene efecto retroactivo la sentencia del Tribunal que declara inconstitucional, en todo o en parte, una norma legal.

Artículo 205. Agotada la jurisdicción interna, quien se considere lesionado en los derechos que la Constitución reconoce puede recurrir a los tribunales u organismos internacionales constituidos según tratados o convenios de los que el Perú es parte.

Título VI. De la Reforma de la Constitución

Artículo 206. Toda reforma constitucional debe ser aprobada por el Congreso con mayoría absoluta del número legal de sus miembros, y ratificada mediante referéndum. Puede omitirse el referéndum cuando el acuerdo del Congreso se obtiene en dos legislaturas ordinarias sucesivas con una votación favorable, en cada caso, superior a los dos tercios del número legal de congresistas.

La ley de reforma constitucional no puede ser observada por el Presidente de la República.

La iniciativa de reforma constitucional corresponde al Presidente de la República, con aprobación del Consejo de Ministros; a los congresistas; y a un número de ciudadanos equivalente al cero punto tres por ciento (0.3%) de la población electoral, con firmas comprobadas por la autoridad electoral.

Disposiciones Finales y Transitorias

Primera - Declárase cerrado definitivamente el régimen pensionario del Decreto Ley N° 20530. En consecuencia a partir de la entrada en vigencia de esta Reforma Constitucional:

1. No están permitidas las nuevas incorporaciones o reincorporaciones al régimen pensionario del Decreto Ley N° 20530.

2. Los trabajadores que, perteneciendo a dicho régimen, no hayan cumplido con los requisitos para obtener la pensión correspondiente, deberán optar entre el Sistema Nacional de Pensiones o el Sistema Privado de Administradoras de Fondos de Pensiones.

Por razones de interés social, las nuevas reglas pensionarias establecidas por ley se aplicarán inmediatamente a los trabajadores y pensionistas de los regímenes pensionarios a cargo del Estado, según corresponda. No se podrá prever en ellas la nivelación de las pensiones con las remuneraciones, ni la reducción del importe de las pensiones que sean inferiores a una Unidad Impositiva Tributaria.

La ley dispondrá la aplicación progresiva de topes a las pensiones que excedan de una Unidad Impositiva Tributaria.

El ahorro presupuestal que provenga de la aplicación de nuevas reglas pensionarias será destinado a incrementar las pensiones más bajas, conforme a ley.

Las modificaciones que se introduzcan en los regímenes pensionarios actuales, así como los nuevos regímenes pensionarios que se establezcan en el futuro, deberán regirse por los criterios de sostenibilidad financiera y no nivelación.

Autorízase a la entidad competente del Gobierno Nacional a iniciar las acciones legales correspondientes para que se declare la nulidad de las pensiones obtenidas ilegalmente, salvo los casos definidos por sentencias con carácter de cosa juzgada que se hayan pronunciado expresamente sobre el fondo del asunto o que las respectivas acciones hubieran prescrito.

Segunda. El Estado garantiza el pago oportuno y el reajuste periódico de las pensiones que administra, con arreglo a las previsiones presupuestarias que éste destine para tales efectos, y a las posibilidades de la economía nacional.

Tercera. En tanto subsistan regímenes diferenciados de trabajo entre la actividad privada y la pública, en ningún caso y por ningún concepto pueden acumularse servicios prestados bajo ambos regímenes.

Es nulo todo acto o resolución en contrario.

Cuarta. Las normas relativas a los derechos y a las libertades que la Constitución reconoce se interpretan de conformidad con la Declaración Universal de Derechos Humanos y con los tratados y acuerdos internacionales sobre las mismas materias ratificados por el Perú.

Quinta. Las elecciones municipales se alternan con las generales de modo que aquéllas se realizan a mitad del período presidencial, conforme a ley. Para el efecto, el mandato de los alcaldes y regidores que sean elegidos en las dos próximas elecciones municipales durará tres y cuatro años respectivamente.

Sexta. Los alcaldes y regidores elegidos en el proceso electoral de 1993 y sus elecciones complementarias concluyen su mandato el 31 de diciembre de 1995.

Sétima. El primer proceso de elecciones generales que se realice a partir de la vigencia de la presente Constitución, en tanto se desarrolla el proceso de descentralización, se efectúa por distrito único.

Octava. Las disposiciones de la Constitución que lo requieran son materia de leyes de desarrollo constitucional.

Tienen prioridad:

1. Las normas de descentralización y, entre ellas, las que permitan tener nuevas autoridades elegidas a más tardar en 1995. Y

2. Las relativas a los mecanismos y al proceso para eliminar progresivamente los monopolios legales otorgados en las concesiones y licencias de servicios públicos.

Novena. La renovación de los miembros del Jurado Nacional de Elecciones, instalado conforme a esta Constitución, se inicia con los elegidos por el Colegio de Abogados de Lima y por las Facultades de Derecho de las universidades públicas.

Décima. La ley establece el modo como las oficinas, los funcionarios y servidores del Registro Civil de los gobiernos locales y los del Registro Electoral se integran al Registro Nacional de Identificación y Estado Civil.

Undécima. Las disposiciones de la Constitución que exijan nuevos o mayores gastos públicos se aplican progresivamente.

Duodécima. La organización política departamental de la República comprende los departamentos siguientes: Amazonas, Ancash, Apurímac, Arequipa, Ayacucho, Cajamarca, Cusco, Huancavelica, Huánuco, Ica, Junín, La Libertad, Lambayeque, Lima, Loreto, Madre de Dios, Moquegua, Pasco, Piura, Puno, San Martín, Tacna, Tumbes, Ucayali; y la Provincia Constitucional del Callao.

Decimotercera. Mientras no se constituyan las Regiones y hasta que se elija a sus presidentes de acuerdo con esta Constitución, el Poder Ejecutivo determina la jurisdicción de los Consejos Transitorios de Administración Regional actualmente en funciones, según el área de cada uno de los departamentos establecidos en el país.

Decimocuarta. La presente Constitución, una vez aprobada por el Congreso Constituyente Democrático, entra en vigencia, conforme al resultado del referéndum regulado mediante ley constitucional.

Decimoquinta. Las disposiciones contenidas en la presente Constitución, referidas a número de congresistas, duración del mandato legislativo, y Comisión Permanente, no se aplican para el Congreso Constituyente Democrático.

Decimosexta. Promulgada la presente Constitución, sustituye a la del año 1979.

Disposiciones Transitorias Especiales

Primera. El Presidente y los Vicepresidentes de la República elegidos en las Elecciones Generales de 2000, concluirán su mandato el 28 de julio de 2001. Los congresistas elegidos en el mismo proceso electoral culminarán su representación el 26 de julio de 2001. No son de aplicación para ellos, por excepción, los plazos establecidos en los artículos 90° y 112° de la Constitución Política.

Segunda. Para efectos del proceso electoral que se realice en el 2001, el plazo previsto en el primer párrafo del artículo 91° de la Constitución será de cuatro meses.

Tercera. El Jurado Nacional de Elecciones (JNE) distribuye los escaños en cantidad de cuatro para Lima Provincias sin afectar la distribución nacional existente y los seis escaños restantes conforme a ley.

Declaración
El Congreso Constituyente Democrático

DECLARA que el Perú, país del hemisferio austral, vinculado a la Antártida por costas que se proyectan hacia ella, así como por factores ecológicos y antecedentes históricos, y conforme con los derechos y obligaciones que tiene como parte consultiva del Tratado Antártico, propicia la conservación de la Antártida como una Zona de Paz dedicada a la investigación científica, y la vigencia de un régimen internacional que, sin desmedro de los derechos que corresponden a la Nación, promueva en beneficio de toda la humanidad la racional y equitativa explotación de los recursos de la Antártida, y asegure la protección y conservación del ecosistema de dicho Continente.

Índice

Constitución Política del Perú 1
Preámbulo 5
Título I. De la Persona y de la Sociedad 7
    Capítulo I. Derechos Fundamentales de la Persona 7
    Capítulo II. De los Derechos Sociales y Económicos 11
    Capítulo III. De los Derechos Políticos y de los Deberes 16
    Capítulo IV. De la Función Pública 18
Título II. Del Estado y la Nación 21
    Capítulo I. Del Estado, la Nación y el Territorio 21
    Capítulo II. De los Tratados 23
Título III. Del Régimen Económico 25
    Capítulo I. Principios Generales 25
    Capítulo II .Del Ambiente y Los Recursos Naturales 26
    Capítulo III. De la Propiedad 26
    Capítulo IV. Del Régimen Tributario y Presupuestal 27
    Capítulo V. De la Moneda y la Banca 30
    Capítulo VI. Del Régimen Agrario y de las Comunidades Campesinas y Nativas 32
Título IV. De la Estructura del Estado 33
    Capítulo I. Poder Legislativo 33
    Capítulo II. De la Función Legislativa 37
    Capítulo III. De la Formación y Promulgación de las Leyes 38
    Capítulo IV. Poder Ejecutivo 38
    Capítulo V. Del Consejo de Ministros 41
    Capítulo VI. De Las Relaciones con el Poder Legislativo 43
    Capítulo VII. Régimen de Excepción 45
    Capítulo VIII. Poder Judicial 45
    Capítulo IX. Del Consejo Nacional de la Magistratura 49
    Capítulo X. Del Ministerio Público 51
    Capítulo XI. De la Defensoría del Pueblo 52

    Capítulo XII. De la Seguridad y de la Defensa Nacional 53
    Capítulo XIII. Del Sistema Electoral 55
    Capítulo XIV. De la Descentralización 58
Título V. De las Garantías Constitucionales 63
Título VI. De la Reforma de la Constitución 67
Disposiciones Finales y Transitorias 69
Disposiciones Transitorias Especiales 71
Declaración. El Congreso Constituyente Democrático........................... 72

Manufactured by Amazon.ca
Bolton, ON